# 한국 온라인게임산업의 발전과정과 향후 과제

본 연구총서는
서울대학교 발전기금 연구비 및
서울대학교 경영연구소 연구비 지원에 의하여 이루어졌음.

서울대학교 경영연구소 기업경영사 연구총서 14

# 한국 온라인게임산업의 발전과정과 향후 과제

노상규 · 위정현

# Development of Korean Online Game Industry

Sangkyu Rho
Jon H. Wi

Seoul National University Press

# 머리말

한국의 여러 정보통신관련 산업은 1997년 IMF경제위기로 많은 기업이 어려움을 겪었으며, 더 나아가 2000년부터는 닷컴경제의 버블이 사라지면서 정보통신산업의 성장세가 둔화되어 전반적으로 IT분야에 침체를 맞았다. 그러나 그런 와중에도 뚜렷한 수익모델을 기반으로 안정적인 성장을 해온 부분이 바로 온라인게임이었다.

IT분야의 성장둔화와 침체에도 불구하고 온라인게임이 현재와 같은 성장을 이룰 수 있었던 것은 국가 정책적 차원에서 구축된 초고속통신망이라는 인프라와 여러 온라인게임기업들이 유저를 유인할 만한 콘텐츠를 제공하고자 한 노력이 어우러진 결과라고 볼 수 있다. 물론 우리나라 게임업체들이 모든 게임 분야에서 두각을 보이는 것은 아니다. 예를 들어 콘솔 게임이나 패키지형 게임의 경우 일본과 미국이 시장의 대부분을 점유하고 있다고 해도 과언이 아니다. 그러나 온라인게임의 경우는 초기 열악한 시장환경에도 불구하고 적극적인 게임개발을 통해 국내뿐 아니라 중국, 일본, 동남아시아의 여러 나라, 그리고 유럽 등지에서도 한국 온리인게임이 독보적인 위치를 차지할 수 있었다.

그러나 현재는 우리나라 온라인게임 외에도 미국이나 중국에서 개발된 여러 온라인게임들이 시장을 잠식하고 있는 실정이다. 높은 기술력과 자본력으로 시장을 잠식하는 다른 여러 나라의 온라인게임기업들과 효과적으로 경쟁하기 위해서 한국 온라인게임기업들은 불모지였던 온라인게임이라는 영역이 개발되고 시장이 형성되던 시점으로 돌아가 온라인게임이 어떻게 발전되었는지를 처음부터 되짚어 보고 현재 어떤 상황에 처해 있는지 돌아

볼 필요가 있다.

이 책은 온라인 게임의 발전과정을 초기부터 살펴봄으로써 온라인게임이 어떤 과정으로 성장, 발전해 왔는지를 정리하고 있으며, 각 발전과정의 흐름에 따라 해당되는 게임의 사례 분석과 그 게임이 한국 온라인게임산업에서 가지는 의의를 정리하고 있다. 또한 한국 게임산업 발전을 위한 정부정책에 대한 평가와 함께 한국 온라인게임산업의 과제를 제시하고 있다.

마지막으로 이 책의 출간은 주위 여러분들의 도움 없이는 불가능했을 것이다. 원천데이터수집 및 사실확인을 위한 인터뷰에 적극 참여해 주신 온라인게임사의 여러 임직원 및 개발자들께 감사드리고 원고작성과 교정에 도움을 준 서울대학교 경영대학교 경영대학 석사과정 연구원 김보경, 심명화 및 콘텐츠경영연구소 연구원인 정해광 씨에게도 감사드린다.

2007년 2월

노상규 · 위정현

# 차 례

## 제Ⅳ장 머그게임

# 표차례

# 그림차례

제 I 장

# 서론

IT 분야의 끊임없는 기술혁신은 1980년대에는 컴퓨터와 소프트웨어 개발과 보급이 주를 이루었고, 1990년대에서는 이러한 인프라를 바탕으로 한 이동통신 서비스와 인터넷이 대중화되면서 국내외 정보통신산업은 폭발적으로 성장했다. 이러한 정보통신산업의 발전은 그 자체의 성장에만 머물지 않고, 전자상거래, 콘텐츠 산업 등 연관분야의 발전을 가져왔음은 물론 전통적인 산업구조를 변화시켰으며, 개방화 및 세계화 추세를 더욱 가속화시키는 요인으로 작용하였다. 실제 지난 1990년대 미국을 비롯하여 세계경제의 성장은 IT가 주도했다고 보아도 과언은 아니다. 우리나라도 이 시기에 IT 분야가 '닷컴신드롬' 이란 말이 나올 정도로 각광받았다.

그러나 2000년부터 범세계적으로 기술주의가 하락하고 정보통신산업의 성장세가 둔화되면서, 많은 민간기업들이 IT 투자를 축소하였고, 기업의 수익이 악화되는 현상이 나타나게 되었다. 그래서 광고 이외에 뚜렷한 수익모델을 찾지 못했던 수많은 IT기업들이 어려움을 겪다가 1997년에 불어 닥친 IMF 한파를 맞으며 하나 둘 쓰러져 갔다. 그러나 이중에서 뚜렷한 수익모델을 찾아 안정적인 자금을 확보하면서 코스닥까지 상장한 기업들이 있었는데, 그 중 대표적인 기업이 온라인게임사였다.

현재 온라인게임은 한국의 게임산업의 중심으로 자리잡았으며 One-Source Multi-Use의 핵심산업이자 21세기 국가 성장의 동력으로 급속히 성장하고 있다. 세계 각국은 차세대 성장동력인 게임산업에서 무한경쟁을 펼치고 있으며, 한국의 온라인게임산업은 세계 중심에 서 있다. 특히 우리나라의 온라인게임 서버 및 네트워크 기술은 세계 최고의 수준을 점유하고 있다.

온라인게임은 일반적으로 온라인 상에서 클라이언트가 통신망을 통해 호스트 서버에 접속, 다수의 유저가 실시간으로 진행하는 게임이라 정의할 수 있다. 온라인게임은 기존의 혼자 컴퓨터를 이용하여 게임을 즐겼던 PC 게임과 달리 네트워크 상에서 복수의 사용자가 상호작용을 통하여 게임을 즐기는 것을 의미한다.

이러한 온라인게임 기술은 해를 거듭할수록 진화된 모습으로 변화하며 발전했다. 초기 혼자 게임을 즐기는 단계에서 PC 통신 네트워크 기술을 활용하여 제한된 다수가 즐길 수 있는 머드(MUD) 게임으로 발전했다. 또한 초고속통신망 보급과 PC 방의 폭발적인 증가세로 인하여 다수가 인원수의 제한 없이 온라인게임을 즐길 수 있게 되었다. 10년의 역사를 지니면서 초기 머드 형태의 게임에서 2D 그래픽으로, 또한 3D 그래픽으로 발전하고 있다. 이제 PC 게임과 대등한 수준의 그래픽 구현이 가능해졌다.

본서는 한국 온라인게임의 초기 형태인 머드게임인 '쥬라기 공원' 부터 현재 서비스되고 있는 '카트라이더', 'RF 온라인' 에 이르기까지의 역사를 기술하고 있다. 본서는 한국 온라인게임의 역사를 크게 머드 게임 시대와 머그 게임 시대로 구분하고 있다. 시간의 흐름에 따라 해당 게임의 사례 분석과 함께 해당 게임이 한국 온라인게임산업에서 가지는 의의를 정리하고 있다. 또한 한국 게임산업 발전을 위한 정부정책에 대한 평가와 함께 한국 온라인게임산업의 과제를 제시하고 있다.

이러한 한국 온라인게임산업의 역사를 정리하기 위해 신문기사, 잡지, 논문, 기업 내부자료를 바탕으로 문헌조사가 이루어졌다. 또한 사례연구와 사실 확인을 위해 관계자와의 인터뷰를 실시했다.

제 Ⅱ 장

# 한국 온라인게임산업의 형성 프로세스

## 1 온라인게임산업과 기존 게임산업의 비즈니스 모델 비교

온라인게임은 유저가 퍼스널 컴퓨터와 1 대 1로 대결하는 PC 게임에서 진화한 것으로, 인터넷을 경유하여 다수의 유저가 동시에 대전하는 게임이다. 현재 온라인게임의 플랫폼으로는 퍼스널 컴퓨터가 주로 사용되고 있지만, 장래에는 '플레이 스테이션(Play Station 2: PS2)', 'Xbox' 등의 게임전용기는 물론 퍼스널 컴퓨터, PDA, 휴대전화 등 다양한 플랫폼이 공존할 것으로 예상된다.

이러한 온라인게임산업과 기존의 게임산업의 비즈니스 모델에는 〈그림 Ⅱ-1〉과 〈그림 Ⅱ-2〉, 〈그림 Ⅱ-3〉과 같은 차이가 존재한다.

우선 〈그림 Ⅱ-1〉의 게임전용기용 소프트웨어의 경우 CD-ROM 패키지는 두 가지 경로를 거쳐 유저에게 판매된다. 하나는 하드웨어 생산업체에 의해 소프트웨어 패키지가 위탁생산되어 그것이 도매상, 소매상을 경유해서 유저에게 판매되는 경로이다. 또 하나는 마찬가지 방식으로 생산된 패키

〈그림 Ⅱ-1〉 비디오 게임기용 패키지 판매의 비즈니스 모델

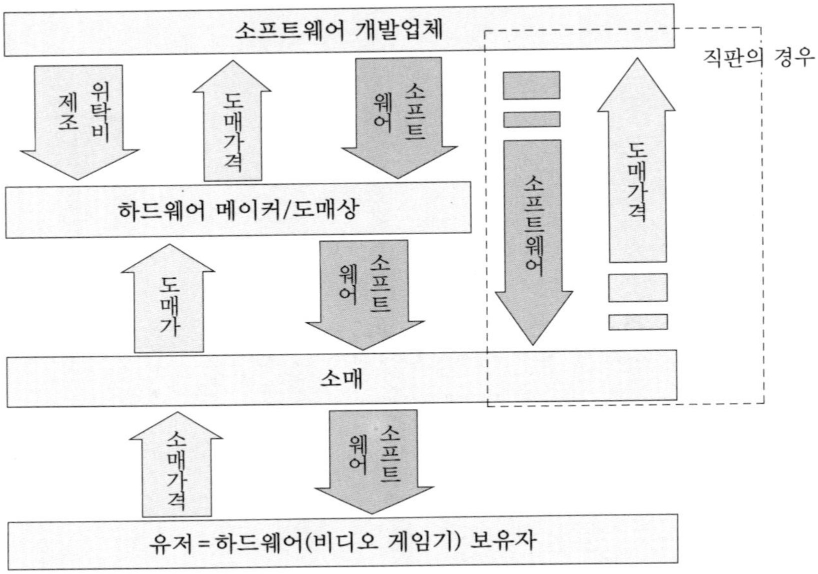


지가 소프트웨어 개발업체자체를 도매상으로 해서 소매상을 경유, 유저에게 전달되는 직판 루트이다. 최근 소프트웨어 개발업체가 편의점 등을 통해 유저에게 직접 판매하는 움직임도 있지만, 전체 판매량으로 보면 그 규모는 아직 미미하다.

여기에서 소프트웨어 개발업체는 자신들이 선택한 하드웨어를 전제로 해서 독자적으로 개발작업을 행한다. 하드웨어는 일정한 기간 동안 안정적이므로, 소프트웨어 개발업체는 하드웨어의 빈번한 구조변화에 의한 소프트웨어 개발산업에의 영향이라든가, 소프트웨어에 의한 하드웨어 설계의 변경가능성을 의식하지 않은 채 소프트웨어의 개발작업에만 집중할 수 있다. 다시 말하자면, 비디오 게임에 있어서 소프트웨어와 하드웨어는 인터페이스가 표준화된 모듈구조로 되어 있다고도 할 수 있다는 것이다.

한편, 현재의 온라인게임은 크게, '온라인 시뮬레이션게임(Online Simulation Game)' 과 '대형 멀티플레이어 온라인 롤플레잉게임(Massively Multi-player Online Role Playing Game: 이하 MMORPG)' 으로 구분할 수

〈그림 Ⅱ-2〉 온라인게임의 비즈니스 모델 1(온라인 시뮬레이션 게임)

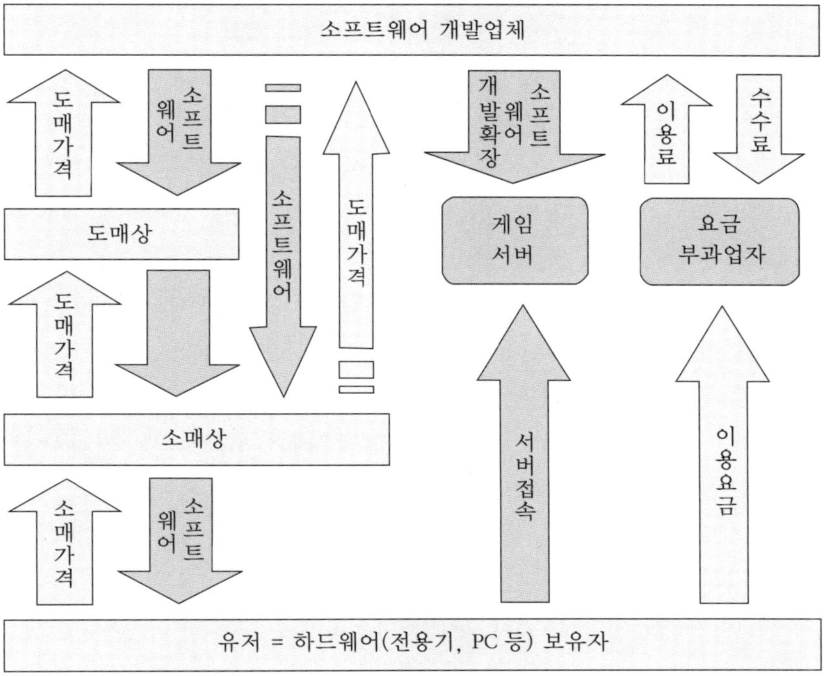


있다. 그리고 온라인게임산업에는 두 가지 게임 형태에 따라 두 개의 비즈니스 모델이 존재한다.

첫 번째, 온라인 시뮬레이션게임은 PC 네트워크 게임(PC Network Game)이라 불리기도 한다. 온라인 시뮬레이션게임의 대표적인 것으로는 'Star craft', 'Command & Conquer', 'War craft' 등이 있으며 장기 · 마작 · 화투 등의 보드 및 카드 게임도 이 카테고리로 분류된다. 이 온라인 시뮬레이션게임은 유저들이 1 대 1, 또는 다수 대 다수로 네트워크를 통해 대전하는 것으로, 서버의 역할은 유저 사이를 연결하는 중계기능에 그치고 있다.

〈그림 Ⅱ-2〉에 나타낸 온라인 시뮬레이션게임의 비즈니스 모델에는 도매상, 소매상을 통해 패키지를 판매하는 방식과 소프트웨어 개발업체가 서버를 설치하고 유저에게 직접 게임을 제공하는 방식이 공존하고 있다. 단, 온라인 시뮬레이션게임에서는 패키지 판매를 통해 수익을 얻는 패키지 요금이 중심이며 서버 접속(access)료를 징수하는 곳은 아직 많지 않다. '스타크래프트'와 같이 온라인 시뮬레이션게임으로부터 이어서 설명하는 MMORPG로의 전환을 목표로 하는 것도 있다.

〈그림 Ⅱ-3〉은 제2의 온라인게임인 MMORPG에 관한 비즈니스 모델이다. MMORPG란, 서버가 제공하는 게임의 세계에 다수의 유저가 동시에 접속해서, 경쟁과 협조를 되풀이하면서 대전하는 게임이다. 대표적인 게임으로는 소니의 '에버퀘스트(Ever Quest)'나 일렉트로닉 아트(Electronic Arts)의 '울티머 온라인(Ultima Online)', 한국 엔씨 소프트(NC Soft)의 '리니지(Lineage)', 일본의 스퀘어의 '파이널 판타지(Final Fantasy)XI' 등이 있다.

서버로 게임을 제공하는 소프트웨어 개발업체에 있어서 서버관리와 유지·보수는 지금까지의 게임에는 유례가 없는 큰 부담이 된다. 이 비즈니스 모델에서도 유저는 그 게임을 위한 소프트웨어를 보유할 필요가 있다. 모든 데이터를 네트워크 상에서 전송하게 되면 서버나 네트워크의 부하가 지나치게 커지기 때문이다. 그러나 이 비즈니스 모델은 수익원이라는 점에서는

〈그림 Ⅱ-3〉 온라인게임의 비즈니스 모델 2(MMORPG)

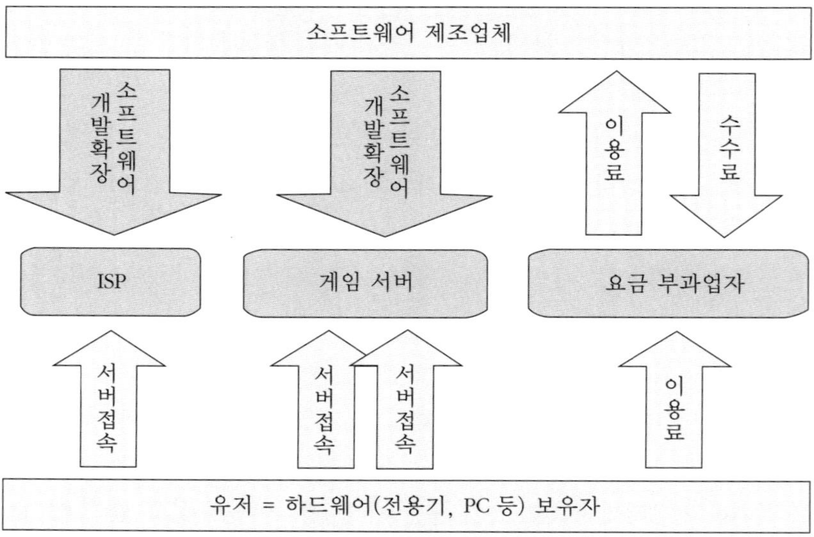

종래의 제품과는 큰 차이가 있다. 소프트웨어 개발업체가 온라인 시뮬레이션게임과 같이 패키지 판매로 수입을 올리려 하는 경우는 적으며, 유저는 소프트웨어 개발업체의 서버로부터 필요한 소프트웨어를 무료로 다운로드 받을 수 있는 경우가 많다. 소프트웨어 개발업체의 주된 수익원은 서버 접속료이다.

이 비즈니스 모델에서는, 접속료를 징수하기 위하여 유선 · 무선전화, 웹머니(Web Money), 신용카드 등을 이용한 네트(net) 결제시스템의 구축이 중요하다. 또한 대량의 데이터를 서버와 유저가 주고받기 위한 초고속통신망을 정비할 필요가 있다. 또한, 이 모델에서는 일단 유저가 확보되면 지속적인 수입이 확보되는 것이 특징으로, 유저 · 커뮤니티의 형성이 게임의 성패를 결정하는 요인의 하나가 된다.

## 2 한국 온라인게임산업의 현황

현재 한국은 세계최대의 온라인게임산업국이다. 최대의 게임시장인 미국에서는 ADSL 등의 초고속통신망의 미비 등으로 인해 아직 온라인게임시장이 크지 않은 편이다. 또한 약 7억 달러로 추정되는 미국의 온라인게임시장은 그 대부분을 온라인 시뮬레이션게임인 웹게임이 차지하고 있다. 일본의 경우도, 초고속통신망의 정비 불충분, 결제수단의 미비로 인해 아직까지는 온라인게임시장이 본격적으로 형성되지 않고 있다.[1] 이상과 같은 미국, 일본 시장과는 대조적으로 한국의 온라인게임시장은 1990년대 후반부터 급성

1) 일본에서도 스퀘어의 '파이널 판타지(final fantasy)XI'가 2002년 5월 16일 시판되었다. 개발비가 60억 엔 들었다고 하는 '파이널 판타지(fantasy)XI'는 PS2와 브로드밴드 유니트(broadband unit)(2만 엔)가 필요하고 또 플레이온라인디스크(7,800엔), 이용요금(1,280엔/월) 등도 필요하다. 이용자는 서비스 시작 1개월에 8만 명 (『아사히신문』 2002년 6월 22일자) 정도로, 당초 스퀘어가 예상한 이용자가 100만 명이었던 것에 비하면, 현시점에서는 명확히 적자라고 할 수 있다.

〈그림 Ⅱ-4〉 한국 온라인게임산업의 성장

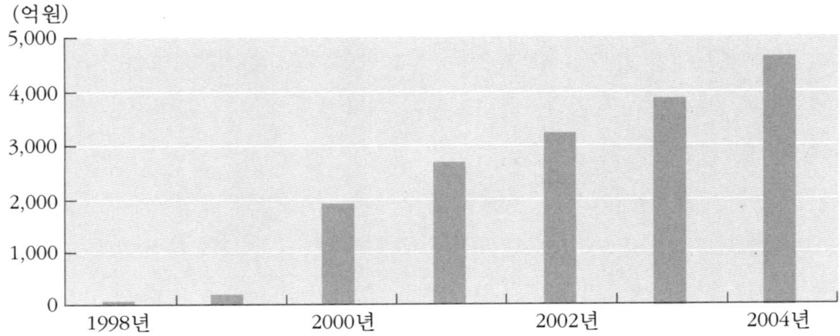


자료: 『대한민국 게임 백서』(2001), 『대한민국 게임 백서』(2002)에서 수정인용

장을 거듭하고 있다.

〈그림 Ⅱ-4〉에 나타난 것처럼, 1998년에 시장이 형성되기 시작한 한국 온라인게임산업은 1999년에는 200억 원 (약 20억 엔)으로, 전년대비 228%의 성장을 이룩하고, 2000년에는 1,915억 원 (약 191억 5,000만 엔)으로 10배 정도의 성장률을 기록하고 있다. 이러한 성장은 2004년 이후에도 계속되어, 약 20% 이상의 성장이 지속될 것으로 예측되고 있다.

한편, 한국에 있어서 온라인게임산업과 기존 게임산업의 성장을 비교해 보면 〈그림 Ⅱ-5〉와 같다. 한국의 온라인게임산업은 급성장하고 있기는 하지만, 전체 시장규모는 아직 게임센터에 미치지 못하고 있다. 2001년을 기준으로 보면, 게임센터 시장은 약 5,000억 원 정도의 시장을 형성하고 있으나, 온라인게임 약 2,700억 원, PC 게임은 약 2,000억 원, 게임전용기는 약 160억 원 정도 규모에 불과하다. 단, 게임센터 시장은 장기적인 보합세로 시장이 정체되어 있는 상태이나, 온라인게임산업은 높은 성장률을 나타내고 있음이 특징이다.

또한 온라인게임을 제공하고 있는 기업도 2000년에는 50개에 불과했지만 2002년 1,000여 개를 넘는 기업이 참여하고 있다. 유저수도 비약적으로 증대하고 있어, 동시접속자 기준으로 보아 2001년, 약 69만 명에 이르렀다.[2)]

한국의 온라인게임산업은 1994년에 국내최초의 머드(MUD: Multi Users

〈그림 Ⅱ-5〉 한국의 게임시장

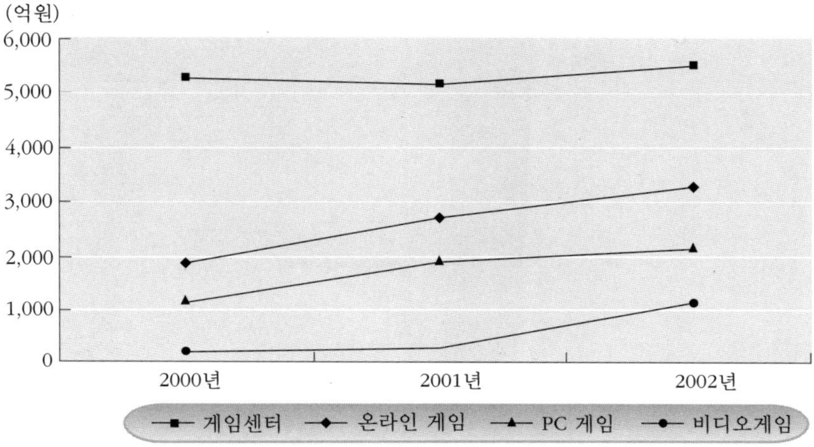


자료: 『대한민국 게임 백서』(2002)

Dungeon) 온라인게임인 '쥬라기 공원(Jurassic Park 1)' 이 등장하여, 이것이 하이텔, 천리안 등의 PC 통신을 통해 유저에게 제공되면서 시작되었다. 이 '쥬라기 공원' 은 텍스트 기반으로, 정지화면이 있는 상태로 실행됐음에도 불구하고, 게임 매니아는 물론, 일반인까지 참여하고 있었다.[3] 그 직후에 '단군의 땅', '퇴마요새(退魔要塞)' 등의 머드 게임이 차례로 등장하고 역시 PC 통신을 통해 제공되었다.[4]

그러나 이러한 텍스트 기반의 머드 게임은 영어로 일일이 명령어를 입력해야 할 뿐 아니라, 게임진행의 전체상을 볼 수 없다는 등, 유저에게는 불편한 게임이었다. 그러던 중에 1996년 넥슨이 그래픽 기반의 머그(MUG:

2) 『게임신문』, 2001년 4월 16일 기사.

3) 게임에 들어가면 "당신은 신전에 와 있다. 북쪽에는 ○○가, 남쪽에는 △△가 있다"라고 하는 메시지가 나타난다. 거기에서 영어로 south라고 명령을 입력하면 남쪽 방향으로 이동할 수 있다. 다른 사용자가 동일한 장소에 있으면 텍스트에 그 존재가 표시된다.

4) 한국에서 세계 최초로 먼드 게임이 개발된 것은 아니다. 1980년대에 미국에서는 이미 컨셉(concept)이 존재하였으며, 개발된 게임도 있었다.

〈그림 Ⅱ-6〉 한국 온라인게임산업의 발전요인과 메커니즘

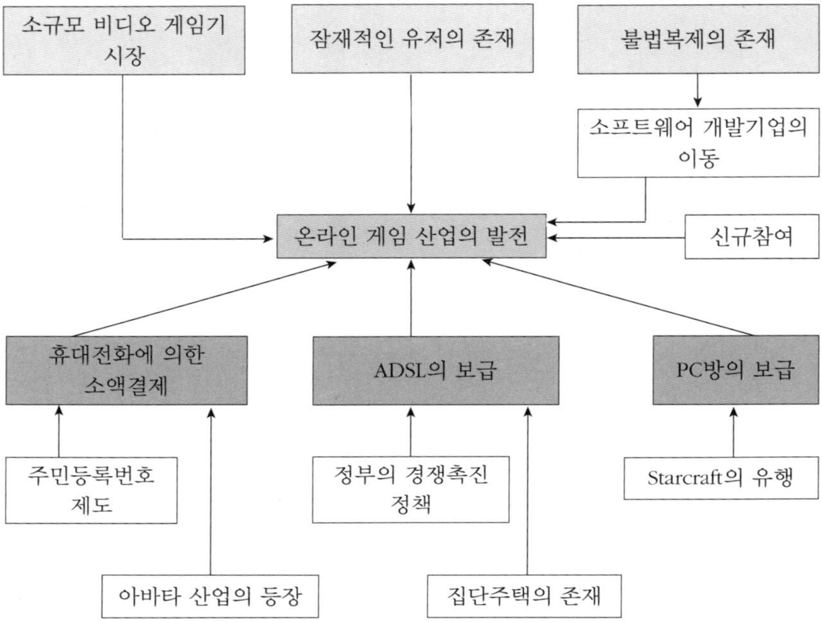


Multi Users Graphic) 게임(Graphic MUD라고도 칭함) '바람의 나라'를 개발하고 서비스를 개시했다. 나아가 1998년에는 엔씨 소프트가 '리니지'의 서비스를 시작하면서 한국의 온라인게임산업은 폭발적인 성장을 보이게 된다.

이상에서 본 것처럼, 한국의 온라인게임산업은 단기간에 비약적인 성장을 이룩한 것이 특징이다. 그렇다면 일본과 미국의 온라인게임시장이 본격적으로 형성되지 않은 단계에서, 어째서 한국의 온라인게임산업이 이렇게 급성장하게 된 것일까? 〈그림 Ⅱ-6〉은 한국 온라인게임산업의 형성을 촉진한 요인을 정리한 것이다.

〈그림 Ⅱ-6〉에서는 한국 온라인게임산업의 형성을 촉진한 초기조건과 인프라스트럭처적인 요인을 들고 있다. 우선 초기 조건으로는 소규모 게임 전용기 시장, 잠재적인 유저의 존재, 불법 복제의 존재라고 하는 세 가지 요

인이 있다. 한편, 인프라스트럭처적인 요인으로는 휴대전화에 의한 소액결제 시스템, ADSL의 보급, PC 방의 보급이라는 세 가지 요인을 들 수 있다. 이러한 초기조건과 인프라스트럭처적인 요인은 각각 개별적으로 혹은 다른 요인과 상호작용하면서 한국 온라인게임산업의 성장을 촉진했다. 다음 절에서는 초기 조건에 대해서 구체적으로 분석해 보고 인프라스트럭처적인 요인들은 Ⅳ장 머그 게임에서 구체적으로 알아보도록 하겠다.

## 3 온라인게임산업 발전을 촉진한 초기조건

### 1) 소규모 게임전용기 시장

한국의 게임전용기 시장은 1989년에 삼성전자가 세가(Sega)와 제휴해서 8비트게임기 '알라딘 보이' 를 시판하면서 형성되기 시작했다. 당시 삼성전자는 한국의 소프트웨어 개발업체 15개 가량을 선정해서, 자금면으로 지원하고 소프트웨어 개발을 추진했다. 그 후 현대전자가 닌텐도(Nintendo)와 제휴해서 8비트와 16비트 게임기를 개발, 시판했고 1994년 말부터는 LG전자가 3DO게임기를 발매하고 있었다.[5] 또 삼성전자는 세가와 제휴해서 1995년 10월에 32비트 게임기 '삼성새턴' 을 시판함으로써 32비트 게임기 시대의 막을 열었다.

그러나 각 기업의 이러한 제품투입에도 불구하고, 한국 업체에 의한 게임전용기 시장은 좀처럼 확대되지 못했다. 예를 들면 '삼성새턴' 의 경우, 국내 판매는 고작 3만여 대에 그쳤다. 이같은 국산 게임기의 부진에는 두 가지 원인이 있었다.

첫 번째 이유는 다양한 소프트웨어의 부족이다. 아직 한국 소프트웨어 개발업체가 성장하지 않은 상태에서 국내 소프트웨어 개발업체만으로 유저를

5) LG전자는 3DO게임기 개발에 1,000만 달러를 투자했다.

만족시킬 수 있는 소프트웨어를 충분히 공급하기는 어려웠다. 그런데 한국에서는 일본어 표기 소프트웨어의 수입이 금지되어 있었고, 더욱이 개발능력의 문제 등으로 인해 일본어 소프트웨어를 정식으로 도입하여 이식하는 것도 곤란한 상태였다.

두 번째 이유는 비공식적으로 수입된 일본산 게임기와의 경쟁이다. 한국정부는 원칙적으로 일본 게임기 수입을 금지하고 국내산업을 보호하는 정책을 폈다. 그럼에도 불구하고, 개인적 수입(輸入) 등으로 일본산 게임기의 시장이 형성되어 있어 국내 업체의 게임기 시장의 확대는 한층 어려운 형편에 빠졌다. 예를 들면, '삼성새턴' 의 경우는 가격이 30만 원 정도인데 개인이 수입한 일본 제품은 20만 원 정도로 판매되고 있었다. 이는 개인이 수입한 일본산 게임기에는 특별소비세가 부과되지 않았기 때문이다(한국게임산업개발원, 2002).

결국 LG전자가 1996년부터 3DO사업에서 철수할 것을 결정하였으며, 이어서 삼성전자도 게임기 사업에서 손을 뗐다. 이러한 대기업 철수에 의해, 현재까지 한국의 게임전용기 시장은 '플레이 스테이션(Play Station)' 이나 'Xbox' 등 일본과 미국 기업의 외국제품이 전부 지배하고 있다. 한편, 그 후 한국의 소프트웨어 개발업체는 일본산 게임기용의 소프트웨어 개발을 시도하지만, 게임소프트웨어 개발에 요구되는 높은 로열티나 고가의 개발엔진 구입 등이 부담이 되어 최근까지 적극적으로 개발을 하지 않고 있었다.[6)]

그 결과, 한국의 게임전용기와 소프트웨어 시장은 일부 매니아층에 한정될 뿐 일반 유저에게까지 확대되지 못했다. 2000년의 한국 게임전용기 시장(소프트웨어와 하드웨어 시장을 합한 것)은 125억 원에 머물러, 같은 시기에 1,162억 원 규모인 PC 게임시장에 비하면 매우 작은 규모이다.

이 같은 게임전용기 시장의 부진은 새로운 온라인게임산업에 있어서는 오

---

6) 2002년 2월에 소니(Sony)의 '플레이 스테이션(Play Station)' 이 정식으로 한국에서 판매되기 시작되었으며, 일부 소프트웨어 개발업체가 '플레이 스테이션' 용의 제품개발에 착수하고 있다.

히려 좋은 조건이 되었다. 일본의 경우 강력한 게임전용기 시장과 유저의 높은 로열티가 구축되어 있어서, 온라인게임으로의 급속한 이행은 아직 이루어지지 않고 있다. 그러나 한국의 온라인게임산업의 경우에는 강력한 라이벌이 되는 기존의 게임산업이 존재하지 않았던 것이다.

### 2) 잠재적 유저의 존재

한국에서는 게임전용기 시장은 부진했지만, 게임센터와 PC 게임은 일정한 유저를 확보해서 성장하고 있었다. 이 유저가 1990년대 중반에 등장한 온라인게임으로 급속히 이동해 간 것으로 생각된다.

〈그림 Ⅱ-5〉에도 나타난 것처럼, 게임센터 시장은 2001년 시점에서 약 5,000억 원의 규모로 한국 최대의 게임시장을 형성하고 있다. 한국의 게임센터는 일본과 마찬가지로 1978년에 타이트사의 '스페이스 인베이더'가 한국에 소개되면서 보급되기 시작했다. 이전까지는 극히 작은 니치시장에 불과했던 게임센터는 주로 청소년층을 중심으로 확산되기 시작했다.

이 게임센터의 유저가 성장해서 후에 온라인게임의 유저가 된 것이라고 생각된다. 〈그림 Ⅱ-7〉은 코어유저의 플랫폼 선택을 나타내고 있으며, 하루 2시간 이상 게임을 즐기는 유저를 대상으로 한 조사이다.

이 도표로부터 게임센터와 온라인게임을 선택하는 연령별 분포가 다른 것을 알 수 있다. 게임센터에서는 연령이 높아짐에 따라 이용자가 줄어들고 있지만, 온라인게임의 경우는 감소하는 것이 아니라, 30세에서 34세 층에서 피크(peak)를 이루고 있다. 이 25세에서 39세까지의 온라인게임의 유저가 1980년대에서 1990년대 초반에 게임센터의 주고객이었던 청소년층이며, 그들이 1990년대 중반 이후에 온라인게임으로 옮겨갔다고 보인다.

1980년대와 1990년대 초반의 게임센터는 아직까지 불량과 범죄의 온상이라고 하는 나쁜 이미지가 있어서 규제의 대상이 되고 있었다. 그 때문에 청소년기를 지나 성인이 된 유저는 계속해서 게임센터 이용하기를 주저하는 형편이었다. 거기에 PC 방이라고 하는 새로운 게임공간에서 제공되는 온

〈그림 Ⅱ-7〉 코어유저의 플랫폼 선택(N = 230)

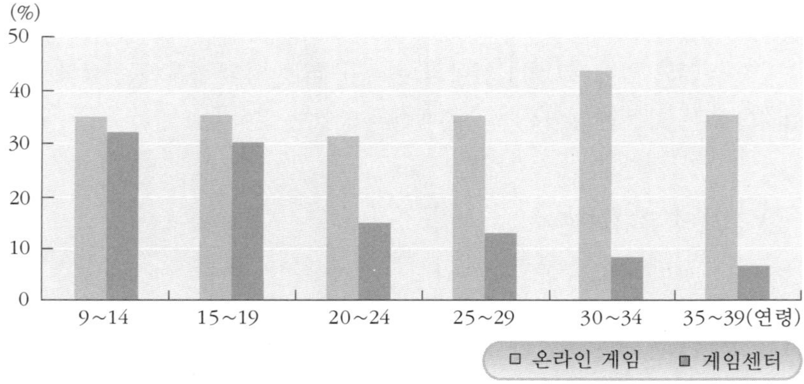


자료: 『대한민국 게임 백서』(2002)

라인게임이 등장하여, 이제는 성인이 된 게임센터의 유저를 흡수했다.

한편, 1990년대 초반에 한국에서는 일부 매니아를 중심으로 PC 게임이 보급된 후에, 1990년대 중반의 멀티미디어 보급을 계기로 일부의 매니아에게서 일반 유저층으로 확산되기 시작했다. 1992년에는 8비트 · 애플에서 실행되는 '신검의 전설' 이라는 최초의 PC 게임이 등장하고, 1995년에는 290개 타이틀의 PC 게임 소프트웨어가 시장에 도입되었다. 단, 이 가운데 한국 소프트웨어 개발업체에 의한 소프트웨어 개발은 소수로, 1995년에는 22개, 1996년에는 40개, 1997년에는 57개가 발표되는데 그쳤다(한국게임산업진흥원, 2002).

이러한 PC 게임은 특히 온라인게임과 플랫폼을 공유하고 있다는 점에서 온라인게임의 유저 확대에 공헌했다. 양쪽 모두 PC를 기반으로 한 게임이며, PC 게임을 통해 유저는 키보드와 마우스 조작법을 습득하게 되었다. 이 키보드와 마우스의 조작이 온라인게임의 중요한 구성요소인 유저 간의 채팅을 가능하게 했다. 즉, PC 게임에 친숙해져 있었던 유저는 그대로 온라인게임에 적응해 간 것이다.

### 3) 불법 복제의 존재

한국에서는 오랫동안, 소프트웨어의 불법 복제 문제가 소프트웨어 개발업체를 괴롭히고 있었다. 이 불법 복제 문제는 게임전용기와 PC 게임 양 분야에서 발생하고 있었다.

예를 들어, 게임전용기의 경우를 살펴보자. 게임전용기는 일반적으로는 복제된 게임소프트웨어는 사용할 수 없도록 설계되어 있다. 그런데 비공식 루트를 통해 한국에 수입된 해외의 게임기에는 우선 복제된 게임소프트웨어가 작동될 수 있도록 복사 칩이 장착되어 있었다. 그 후 이 게임기는 전자상가의 전문판매점을 통해 국내의 일부 매니아에게 판매되었다. 게임기 내부의 복사 칩은 복제 소프트웨어의 구동을 가능하게 했다. 국내 매니아는 가격이 높은 정규 소프트웨어보다는 타이완(Taiwan)이나 홍콩(Hong Kong) 등지에서 제작되어 대량으로 수입된 복제 소프트웨어를 더 선호한 것이다(한국게임산업진흥원, 2002).

PC 게임의 경우에도 이 같은 불법 복제 문제가 있었다. 1990년대 초반은 플로피디스크에 의한 불법 복제가 유행했지만, 데이터의 매체가 CD-ROM으로 바뀌어도 불법 복제 문제는 사라지지 않았다.

물론, 1990년대 초반부터 불법 복제에 대한 법률이 정비되어 1990년대 중반부터는 실제로 단속이 강화되었지만, 그래도 불법 복제는 여전히 뿌리 깊게 남아 있었다.

〈그림 Ⅱ-8〉은 2002년 2월에 실시된 앙케이트 조사의 결과이다. 이 조사는 한국에서 게임개발과 유통에 관계하고 있는 2,100개사를 대상으로 한 것으로, 310개사에서 결과를 회수했다. 이를 살펴보면, 게임의 종류에 따라 불법 복제의 심각성에 차이가 있음을 알 수 있다. 예를 들면 게임전용기 관련기업의 경우, 불법 복제에 의한 피해를 지적한 비율은 20%로, 법 제도의 미비 23%에 이어서 2위를 차지했다. PC 게임의 경우도 불법 복제는 13%의 기업이 이를 지적하고 있어, 자금력 24%, 인력부족 14%에 이어 3위였다. 한편, 게임센터용 게임개발기업의 경우에는 7%의 비율에 불과하다. 즉, PC

〈그림 Ⅱ-8〉 자사의 경쟁력을 약화시키는 요인

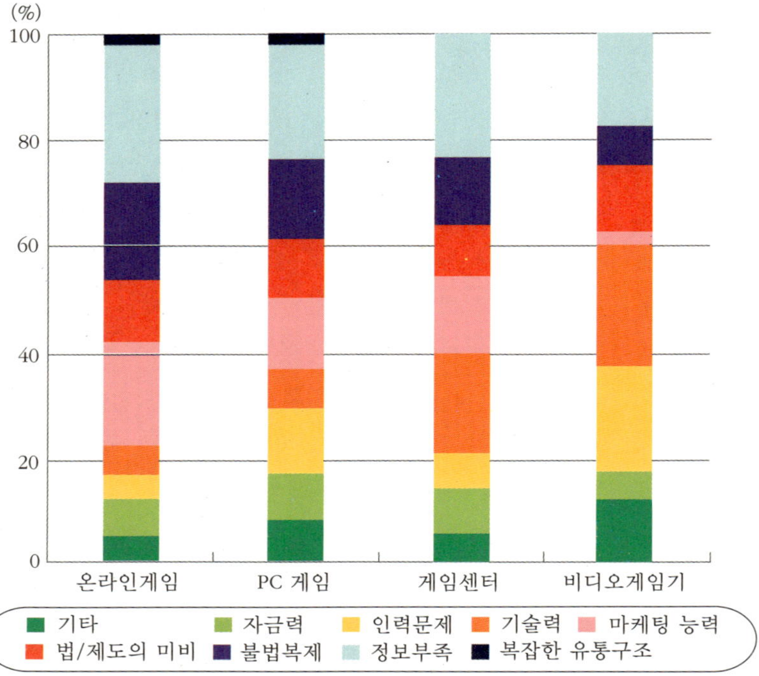


자료: 『대한민국 게임 백서』(2002)

게임과 게임전용기의 경우에는 불법복제 문제를 훨씬 심각하게 인식하고 있는데 반해, 업무용 게임 관련기업은 별로 심각한 문제로 생각하지 않고 있다.

온라인게임의 등장은 이러한 불법 복제 문제를 일거에 해소하는 비즈니스 모델을 소프트웨어 개발업체에 제공하였다. 〈그림 Ⅱ-3〉의 설명에서 전술한 바와 같이 온라인게임은 패키지로 판매되는 것이 아니라 소프트웨어 개발업체나 ISP를 경유해서 제공되기 때문에 처음부터 불법 복제의 가능성을 차단하고 있었다.

이러한 이유로 다수의 소프트웨어 개발업체는 급속히 온라인게임개발로 전환하고 온라인게임산업의 발전을 가속화시키게 되었다. 한 예로, 〈그림

〈그림 Ⅱ-9〉 한국의 PC 게임 발매 추이

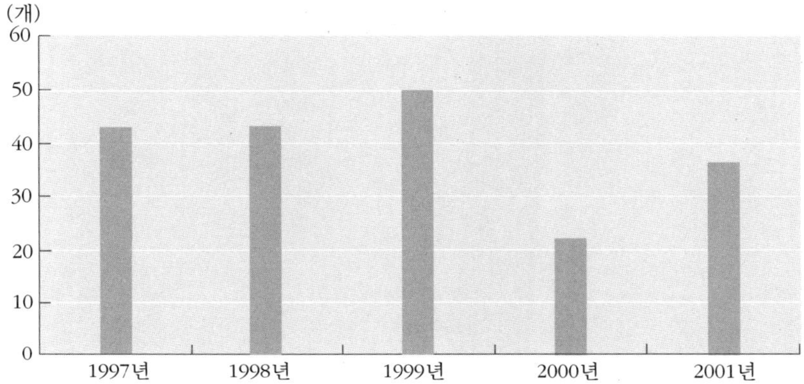


자료: 『대한민국 게임 백서』(2001), 『대한민국 게임 백서』(2002)에서 수정인용

Ⅱ-9〉에서 한국 개발업체에 의한 PC 게임 발매개수를 살펴보면 1997년 43개, 1998년 43개, 1999년 50개이던 것이 2000년 22개, 2001년 36개로 감소했다. 2001년의 36개 중에는 아동용 게임 15개가 포함되어 있기 때문에 순수하게는 21개가 된다.

또한, 2001년도의 우수게임 사전 제작지원사업에 출품된 게임 325개를 분류해 보아도 결과는 마찬가지로, PC 게임은 2000년도의 42%에서 25%로 감소했지만, 온라인게임은 전년도의 11%에서 43%로 증가했다. 이러한 결과는 다수의 PC 게임 개발업체가 온라인게임으로 이동하고 있음을 뒷받침하는 것이다.

# 제 III 장

# 머드 게임

## 1 머드 게임의 소개

### 1) 머드 게임의 정의

머드(MUD)는 Multi User Dimension, Multi User Dungeon, Multi User Dialogue 등의 축약어로 알려져 있다. 먼저 Multi User Dimension이라는 말의 의미를 살펴보면 가상 공간에서 여러 사람이 활동하는 게임이라는 뜻이며, Multi User Dungeon의 의미는 온라인 상에서 미로와 같은 공간을 이동하면서 여러 가지 방법으로 즐기는 게임을 의미한다. 또한 Multi User Dialogue의 의미에서처럼 게임 내에서 다양한 의사교환이 이루어진다. 일반적인 PC 통신망에서 볼 수 있는 게시판과 대화실과는 다른 독특한 방법을 이용하게 되지만 그 본래의 목적과 의도는 거의 같은 방법으로 머드 게임안에서 이루어지게 된다.

머드 게임은 기존에 유저들이 즐기던 PC 게임과 다른 종류의 재미를 제공했다. 일반적인 PC 게임의 경우 게임 제작자가 설계한 대로 게임을 진행하게 되지만, 머드 게임의 경우 사람과 사람들 사이의 상호작용, 협동, 경쟁이라는 특이한 요소가 작용하게 된다. 이러한 요소는 유저들에게 기존의 게임과 다른 재미를 제공해 주었다.

개발자들은 머드의 기본 핵심 개념 기반을 두고 그 위에 자신들의 상상력과 아이디어를 바탕으로 새로운 형태의 머드 게임을 개발하였다. 초기의 머드 게임은 기술 특성 상 자유롭게 소스코드를 공유하며 작업이 가능했기 때문에 많은 게임 플레이어와 게임 디자이너들에게 영향을 주었다.

### 2) 머드 게임의 역사

원래 머드의 최종 버전은 1980년 에섹스 네트워크 상에 설치되었는데 이를 최초의 다중 클라이언트로 볼 수 있다. 전세계의 학생들은 머드를 통하여 이런 환경을 공유할 수 있었으며, 에섹스는 세계적인 연구용 컴퓨터 네트워크인 아르파넷(ARPANet) 일부로 흡수되었고 폭넓게 수용되어서 오늘날의 인터넷 기반이 되었다. 사실 초기 머드 코드에는 저작권이 있었지만 학생들 간에 소스가 공유되고 전세계로 유포되었다(원 저작권자들이 그것을 묵인한 영향도 있었다). 개발자들은 머드의 기본 핵심 개념에 기반을 두고 그 위에 자신들의 아이디어와 상상력을 동원하여 독특한 온라인 환경을 구축하기 시작했다. 그에 따라 다양한 머드버전들이 등장하게 되었다. 또한 다양한 유저들과 이처럼 새로운 환경을 공유할 수 있다는 가능성은 다시 한번 광범위한 유사 게임들의 형태를 낳게 되었으며, 그 중 몇몇은 게임이 아닌 사회적인 면에 초점을 맞춘 것들도 있었다. 1980년대 초반 인터넷 이용인구가 서서히 증가하면서 최초의 ISP인 컴퓨서브(Compu Serve)는 공공네트워크 상의 컴퓨터 게임 서비스가 경제적 이익을 실현해 줄 수 있다는 가능성을 인식하기 시작했다. 1982년 케스마이사(Kesmai Corporation)의 설립자인 존 테일러(John Taylor)와 켈튼 플린(Kelton Flinn)은 컴퓨서브와 아스키텍스트(ASCII-text) 방식의 롤 플레잉 게임 개발에 대한 계약을 체결하여 1984년 컴퓨서브에서 '아일랜드 오브 케스마이(Islands of Kesmai)' 게임이 출시되었고 1년 후에는 전설적인 'DECwar' (1970년대 중반에 개발된 스타 트렉 기반의 멀티플레이 게임)의 기획에 기반하여 케스마이사의 '메가워즈 I(Megawars I)' 이 출시되었다. 컴퓨서브의 이용자들에게 제공된 '아일랜드 오브 케스마이' 와 케스마이사의 '메가워즈 I' 은 상업 온라인게임의 시초로 볼 수 있는 것들이다. 당시 '아일랜드 오브 케스마이' 의 한 시간 이용 요금은 현재의 월 이용 요금 수준인 12달러 정도였다. 또한 마크 제이콥스(Marc Jacobs)는 최초로 월 이용료(40$) 기반의 상업용 온라인게임 서비스를 운영하였다. 1984년 그의 회사 미식 엔터테인먼트(Mythic Entertainment)는 AUSI Aradath라는 텍스트 기반 롤 플레잉 게임을 서비스하였다(류현주, 2003).

머드 게임의 상업적인 서비스 이후, 유저들에게는 새로운 온라인게임 환경을 지속적으로 제공하였으며, 유저들의 다양한 요구를 해결하기 위해 새로운 버전으로 머드 게임을 개발하게 된다.

### 3) 머드 게임의 종류

'아버 머드(Aber MUD)' 는 영국의 Alan Cox에 의해 보급된 어드벤처 형식을 기반으로 만들어진 머드 중 하나로, 머드 게임 안에서 캐릭터가 성장하고 발전하지는 않는다.

디쿠 머드(Diku MUD)는 1991년에 덴마크에서 만들어진 전투 중심의 대표적인 머드이다. 디쿠 머드의 소스의 대부분이 몬스터의 움직임, 전투를 위한 각종 아이템 처리 등이 핵심을 이루고 있다. 예를 들어, 문제를 풀어서 다음 단계로 넘어가는 형태의 과제 진행형 게임이 갖는 스토리를 전개할 수 없다. 물론 새롭게 코딩한다면 가능하겠지만, 이러한 경우 개발자 입장에서는 상당한 부담 요소로 작용하게 된다. 디쿠 머드의 경우 모든 기능이 프로그램 엔진에 추가되어야 한다는 단점이 있다. 예를 들어, 기본적으로 설계되어 있는 몬스터가 아닌 특별한 몬스터를 만들고자 한다면 해당 몬스터를 위한 기능을 새롭게 구성해야 한다. 그런데 이것을 개발자 입장에서 보면 단점에 해당하지만, 방대한 시스템 리소스가 필요한 LP 머드에 비해서는 적은 리소스로 많은 기능을 구현할 수 있다는 장점도 된다. 그래서 디쿠 머드는 빠른 속도와 적은 양의 리소스만을 가지고도 다양한 기능을 처리할 수 있다는 것이 핵심적인 장점이다(이재현, 2001).

라스 펜지(Lars Pensj)에 의해 만들어진 LP 머드는 LP C라는 스크립트 언어에 의해 모든 시나리오를 구성해서 운영하도록 만들어졌다. 디쿠 머드가 시나리오에 따라 프로그램을 대량으로 수정하거나 새롭게 제작해야 한다는 불합리한 면을 갖고 있음에 비해, LP 머드는 엔진에는 거의 손을 대지 않고 스크립트 언어만 갖고 시나리오를 구성하여 전개해 나갈 수 있다. 마치 베이직 언어와 같이 모든 구성요소를 스크립트 언어로 제작해 놓으면 이를 엔진이 해독하여 해당 기능을 수행하는 것이다. LP 머드는 시나리오 구성과 전개가 쉬워 개발 부담이 적다는 특징을 갖고 있지만, 방대한 시스템 리소스를 필요로 하는 치명적인 단점을 갖고 있다. 스크립트 언어를 해독하여 그때 그때의 기능을 수행해야 하므로 디쿠 머드에 비해 그만큼 수행 속도 저하와 필요한 리소스 양이 클 수밖에 없다. 이러한 LP 머드의 특징 때문에 삼정데이터시스템의 '쥬라기 공원' 도 개발자인 송재경 씨에 의해 7일 만에 제작되었다.

디쿠 머드 계열의 경우 전투와 사용자 간의 협동을 중시한다. 반면, LP 머드 계열의 경우 가상 사회 속에서 가상의 캐릭터를 키워감으로써 성취감을 느끼게 된다. 이러한 이유로 디쿠 머드는 대전형 머드 게임, LP 머드는 사회형 머드 게임이라고 부르기도 한다. 상대적으로 LP 머드계열이 좀더 체계적인 설계와 운용이 필요하므로 구현이 까다롭고 복잡하다. 당시 개발된 많은 머드 게임들은 사회형 머드 게임의 시나리오를 채택하고 있으며, 첨단기술 네트워크 게임 역시 사회형 머드 게임의 사회성을 기반으로 한다.

위에서 기술한 머드 게임의 특징을 표로 정리하면 〈표 Ⅲ-1〉과 같다.

〈표 Ⅲ-1〉 머드 게임의 종류와 특징[1)]

| 연도 | 종류 | 특징 |
|---|---|---|
| 1988 | Aber MUD | 영국의 Alan Cox에 의해 보급<br>어드벤처 형식을 기반으로 만들어진 머드 게임<br>머드 게임 안에서 캐릭터가 성장하고 발전하지는 않음 |
| 1990 | Diku MUD | 덴마크의 코펜하겐 대학에서 개발<br>빠른 속도와 작은 양의 리소스로 다양한 기능을 처리<br>전투 중심의 엔진으로 독자적이고 특별한 캐릭터 제작 가능<br>대표적 한국 게임 – '단군의 땅' |
| 1991 | LP MUD | 스웨덴의 Lars Pensj에 의해 개발<br>스크립트 언어(LP C)에 의한 시나리오 구성 및 전개<br>과제(Quest) 중심의 엔진으로 방대한 시스템 리소스 요구<br>대표적 한국 게임 – '쥬라기 공원' |

### 4) 모뎀 게임

당시 일반적인 통신 네트워크를 이용하는 게임은 크게 두 가지 형태로 나타난다고 볼 수 있다. 머드 게임과 모뎀 게임(MTM: Modem To Modem) 두 가지로 나누어진다.

앞서 살펴본 바와 같이 머드 게임은 기본적으로 구성된 가상환경 속에서 각자 자신의 상상력을 단계적으로 마음껏 발휘토록 하는 게임이다. 머드 게임은 변화무쌍한 게임환경을 그림으로 지원한다는 것이 현행 통신기술로는 무리이기 때문에 기본적으로 텍스트 위주로 진행된다.

반면 모뎀 게임은 다양한 그림을 제공함으로써 게임의 재미를 더해 준다. 모뎀 게임에 필요한 그림은 호스트컴퓨터로부터 받아 복제해 쓸 수도 있고 게임 실행파일이 수록된 프로그램을 별도로 구입해 사용함으로써 지원받을 수도 있다.

모뎀 게임의 대표적인 것으로 바둑이 있다. PC 통신을 통해 바둑을 두는 게임이다. 대기실에서 자신의 급수와 비슷한 사람을 만나면 대국실로 들어

1) "게임 세계의 태풍, 온라인게임," 마이컴, 1994년 9월호와 류경문(2001)에서 수정인용.

간다. 그 다음부터는 화면에 바둑판이 나오고 상대방과 한 번씩 번갈아가며 바둑을 두게 된다. 계가나 물리기, 사석처리, 흑백 가림도 가능하다. 또 바쁠 경우 그대로 저장해 두었다가 다시 접속해서 계속 둘 수도 있다. 최근에는 비디오텍스를 이용한 서비스가 지원되어 화면도 깨끗하다. '바둑사랑' 이라는 바둑전용 통신프로그램을 이용하면 깔끔한 화면에 각종 기보정리 기능까지 가능하다. 이 프로그램은 공개용이 나와 있으므로 누구나 복사해서 쓸 수 있게 사용할 수 있었다. 이러한 바둑 서비스 이외의 장기, 체스, 오델로 등 다양하게 서비스되었다.

'당구게임' 은 동시에 여러 사람이 참가하여, 마우스를 이용해 당구 실력을 겨루는 것이다. 일반 당구처럼 번갈아가며 게임을 진행해 많은 점수를 얻는 사람이 이기는 형태였다. 당구게임의 경우 PC 통신에서 많은 사용자들이 실제 당구장과 같은 그래픽 효과를 즐기면서 게임을 즐길 수 있었다. 기존의 게임자료실에서 다운로드 형태로 제공되던 당구게임이 1 대 1 혹은 최고 12명까지 함께 게임을 즐길 수 있도록 PC 통신 상에서 서비스되었다. 당구게임은 채팅과 함께 게임을 즐길 수 있도록 게임이 디자인되어서 게임 이외의 재미를 즐길 수 있었다.

'대통령 만들기' 는 한 번에 6명이 참가하는 것으로, 한국의 6개 지역 출신 대통령 후보자 6명이 전국을 돌며 선거유세를 하는 형태로 진행된다. 대통령에 당선되기 위해 전략을 짜내야 하는 게임이다.

전직 해커가 만들어서 화제가 된 타자연습 게임인 '신의 손(Hand of God)' 은 PC 통신의 채팅(전자대화)과 타자연습을 조화시킨 이색 게임이다. 10명의 네티즌이 여러 개의 방에 모여 게임을 통해 타자 실력을 겨룬다. 소설이나 시에서 따온 1,000여 개의 글을 서버에 담아 두고, 한 사람이 문제출제버튼을 누르면, 무작위로 글이 나타나고 이를 키보드로 빠르고 정확하게 치는 사람이 높은 점수를 얻는 게임이었다. '신의 손' 은 모 통신사에서 월 이용시간이 3만 6,000시간을 넘고, 순간이용자가 1,000명에 육박할 정도로 인기 있는 게임이었다.

이후 PC 통신사에서 서비스되었던 모뎀 게임은 대부분 인터넷 상의 공간에서 다시 서비스되었다. 초기에 2~3종류의 게임을 기반으로 서비스되던 게임들이 하나의 게임 포털을 이루어 현재까지 이르게 되었다.

## 2 한국의 머드 게임

한국의 초기 머드 게임은 1990년 전후의 KAIST에서 그 기원을 찾을 수 있다. 당시 한국은 KAIST, 서울대학교 등 몇몇 연구시설에서만 인터넷에 접속할 수 있었다. 1980년대 후반, KAIST의 일부 대학생을 중심으로, 덴마크의 디쿠 대학이 개발하여 소스 코드(Source Code)를 공개한 디쿠 머드의 텍스트 게임의 개량이 이루어지고 있었다. 당시 그 중의 한 사람이었던 김지호 씨가 디쿠 대학의 머드 게임을 개량하여 키드 머드(Kid MUD)라는 게임을 개발하고, 그것을 터미널에 접속하여 복수의 유저에게 제공하고 있었다. 이 게임은 텍스트 기반의 RPG(Role Playing Game)로, 영어로 명령을 입력하여 게임을 진행시키는 형태였다. 이러한 초기 형태의 머드 게임은 인터넷에 접속할 수 있는 소수에게만 허락된 게임이었다.

국내에서 머드 게임이 부각된 것은 1994년 영화 쥬라기 공원을 기반으로 만들어진 삼정데이터시스템의 '쥬라기 공원' 때부터이다. 당시 대학생들이 많이 사용했던 천리안과 하이텔 등의 PC 통신을 통해 엄청난 반향을 일으키며 급속도로 퍼졌다. '쥬라기 공원'의 파괴된 시스템을 복구하는 것이 목표였지만 게이머들은 그 안에서의 생활 자체를 즐기며 게임을 진행했다. 곧 현재의 온라인게임과 비슷한 형태로 게임이 진행되며 온라인게임의 모습을 서서히 갖추기 시작했다. '쥬라기 공원'이 머드 게임으로 선풍적인 인기를 끌면서 하이텔이나 천리안 등의 BBS(Bulletin Board System, 특정 형태의 네트워크(전화선)를 통해 접속하여 파일 및 정보를 공유할 수 있는 공간으로서 국내에는 하이텔이나 천리안 같은 대형 BBS들이 유명하다)를 통해 서비스되었다.

1994년부터 PC 통신에서 상용화되기 시작한 텍스트 머드 게임의 인기는 거의 폭발적이었다. 1996년 당시 게임 전문지 보도에 의하면 당시 대형 BBS에 공급되는 머드 게임은 100여 종이었으며, 유저 규모는 20만으로 추정하고 있다.[2] 마리텔레콤 장인경 사장은 '지금의 온라인게임에 비교할 수는 없지만 대단한 인기였다' 며 '상상력을 기반으로 게임을 진행해야 하기 때문에 현재 서비스되는 온라인게임과는 다른 재미가 존재했다. 비록 현재 게임을 즐기는 사람수와 비교할 수는 없지만 항상 많은 사람들이 게임 상에서 게임을 즐겼다' 며 당시 인기를 회고한다.

하지만 이러한 텍스트 머드 게임이 처음부터 폭발적 인기를 끈 것은 아니다. 텍스트 머드 게임 특성 상 PC 통신사에 IP(Information Provider) 형태로 존재했기 때문에, 초기 텍스트 머드 게임 시장을 개척하는 데 많은 어려움이 존재했다. 텍스트 머드 게임은 기존에 존재했던 정보와 완전히 다른 형태의 새로운 정보였기 때문에 PC 통신사에서는 서비스 자체에 대해 회의적인 생각을 가지고 있었다. 이러한 초기 PC 통신사와의 문제를 극복하기 위해서, 삼정데이터시스템의 오충용 사장은 인적 네트워크를 활용한 방법을 사용했다.

> 당시 천리안, 하이텔, 나우누리 콘텐츠 담당하는 사람들이 그 물이 그 물이기 때문에 아마 다른 팀에서 하자고 그랬으면 하기가 어려웠을 거예요. 지금도 그렇지만 누가 콘텐츠에 대해 돈을 지불하겠습니까? 그때 콘텐츠를 보고 돈을 내지 않으려고 했으니까, 그래도 저는 거기에 대한 아이디어를 많이 냈고, 천리안 하이텔 나우누리 사람들하고 관계가 아주 좋았습니다. 관계가 껄끄러워지기 때문에, 특별히 원수진 일이 아니고선 반대하기가 어려운 상황이었습니다. 당시 PC 통신사에서는 완전히 희한하다고 생각했습니다. 왜냐하면 게임이라 생각하고 들어갔더니 글이 한 줄씩 올라가면서 '얍' '얍' …. 얘네들이 미쳤나? … 그

2) 추산 근거는 텍스트 머드 게임 시장의 50% 이상을 삼정데이터시스템의 '쥬라기 공원' 과 마리텔레콤의 '단군의 땅' 이 차지하고 있었다. 유저 규모를 각각 5만 명으로 추정하고, 나머지 기타 게임의 유저를 10만 명이라고 추정하면 텍스트 머드 게임 전체 유저를 20만 명으로 추산할 수 있다.

렇게 생각을 했다고 합니다. 이러한 초기의 상황 때문에 저를 믿고 서비스를 시작하자고 제안했습니다.[3)]

텍스트 머드 게임 진행은 기본적으로 메시지로 진행된다. '고도 1만 피트. 구름이 간간이 떠 있고 하늘은 맑은 편. 폭격기를 호위중이다.' 라는 메시지가 뜨면 또다시 '11시 방향에 적기 11대 출현.' 적기의 출현을 알리는 최초의 메시지가 전해진다. '11대가 아니라 12대입니다' 흐릿하게 한 대처럼 보이던 기체가 둘로 나뉘는 상황 변화에 따라 정정해 알린다. 순간 편대장의 명령이 떨어진다. '산개!' 머드로 즐기는 비행 시뮬레이션 게임의 일부다. 이런 게임처럼 문자로 알려오는 시나리오에 맞춰 임기응변식의 대사와 행동지시로 게임을 풀어나간다. 텍스트 머드 게임은 인간의 사고를 기반으로 변화가 많은 형태의 게임이었다. 그만큼 사용자들은 다양한 상황에서 게임을 즐길 수 있었다. 이러한 이유로 텍스트 머드 게임은 기존의 다른 게임과 달리 인기를 더 누릴 수 있었다.

다음은 당시 대표적인 상용 텍스트 머드 게임은 다음과 같은 내용을 가지고 서비스를 실시하고 있었다.

첫째, '쥬라기 공원' 은 스티븐 스필버그의 영화 쥬라기 공원을 기초로 하여 삼정데이터시스템에서 서비스를 시작했다. 쥬라기 공원의 주인공이 되어 공룡들이 난무하는 쥬라기 공원을 원상태로 복구하고 탈출해야 하는 임무를 수행하는 것이 목적이다. 천리안을 시작으로 하여 3대 PC 통신사에서 모두 서비스되었다.

둘째, '단군의 땅' 은 한국 고대사를 기초로 하여 마리텔레콤에서 서비스를 시작했다. 게임의 목적은 많은 사람들과 함께 가문을 세워 최고 레벨인 단군이 되는 것이었다. '단군의 땅' 이라는 하나의 가상현실 속에서 사용자들은 자신들이 꿈꿔오던 나라를 스스로 만들 수 있게 게임이 진행되었다.

---

3) 이 인터뷰는 2004년 12월 6일 월요일, 오후 1시부터 4시까지 삼정데이터서비스 사무실에서 삼정데이터서비스 오충용 사장을 대상으로 실시하였다. 위정현, 정해광, 조원진이 인터뷰어로 참여하였다.

단군시대부터 현재까지 여러 풍물이나 문화를 접하면서 몬스터와의 대전과 정보 교환을 통한 사건을 해결하면서 게임을 진행하게 된다.

셋째, '드래곤랜드'는 환타지 세계인 웁살라 왕국을 무대로 하여 디지털 임팩트에서 서비스를 시작했다. 평화롭던 왕국에 재앙이 다가와 버그라라는 마법도사에 맞서, 왕국을 지키기 위해 힘을 키우고 지식을 키우는 방식으로 진행하게 된다. 현실세계에서 존재하지 않는 가상 공간에서 사용자들은 새로운 동료를 만나고 혹은 싸우고, 사랑하고, 자신의 성장의 극에서 가상의 신이 되는 것을 목표로 게임을 진행하게 된다.

넷째, '오로라 캠프'는 사회적 머드(Social MUD)를 지향하며 다인미디어에서 서비스를 시작했다. 다인미디어는 PC 통신상에서 알게 된 게임매니아들이 모여 설립한 회사였다. 오로라 캠프는 북극에 거대한 규모의 문명이 존재했었다는 전제하에, 학계 탐험대들이 오로라 캠프에 모여 북극을 탐사하고 각종 시설 등을 건립, 민영화하여 북극을 하나의 탐험도시로 발전시킨다는 목표를 가지고 게임을 진행하게 된다.

다섯째, '시간여행자'는 시간 속 여행을 기반으로 한메네트워크에서 서비스를 시작했다. 사용자들은 시간여행자가 되어 새로운 세계를 탐험하며, 모험속에서 자신을 성장시키고, 시간의 흐름 속에서 자신의 정체성을 깨달으면서 게임을 진행하게 된다.

여섯째, '미래가상 SF 1999'는 KIT 머드 운영진들이 만든 현무소프트에서 서비스를 시작했다. 우주 공간속의 이동, 소멸, 생성의 원리를 통하여 우주 공간의 특이성을 기반으로 우주를 향한 새로운 모험을 하면서 게임을 진행하게 된다.

이상과 같이 살펴본 상용 텍스트 머드 게임을 정리하면 〈표 Ⅲ-2〉와 같다.

〈표 Ⅲ-3〉은 국내 3대 PC 통신 사업자의 1995년 당시 IP 순위를 나타내고 있다. 이 표에서 보여지듯이, 3대 통신사 모두 머드 게임이 1위를 나타내고 있다. 하지만 이러한 텍스트 머드 게임의 폭발적 성장에도 불구하고, 수익구조에 있어서는 PC 통신사와의 많은 갈등이 있었다. 초기 시장의 경우 수익 분배가 다른 IP 업체와 동일한 형태로 텍스트 머드 게임사와 PC 통신

〈표 Ⅲ-2〉 게임, 게임 개발사, 게임 스토리 정리

| 게임 명 | 게임 개발사 | 게임 스토리 |
|---|---|---|
| 단군의 땅 | 마리텔레콤 | 많은 사람들과 협력하여 최고의 레벨인 단군에 오르는 게임 |
| 쥬라기 공원 | 삼정데이터시스템 | 스티븐 스필버그의 영화 '쥬라기 공원'을 기반으로 잃어버린 쥬라기 공원의 복원 |
| 드래곤 랜드 | 디지털 임팩트 | 몬스터를 상대로 '웁살라 왕국'을 고수하는 판타지 세계 |
| 오로라 캠프 | 다인미디어 | 북극 탐험 과정을 사회적 머드(Social Mud)의 형태로 표현 |
| 시간여행자 | 한메네트워크 | 시간 흐름 속에서 새로운 세계를 탐험 |
| SF 1999 | 현무소프트 | 우주 공간에서의 공간 이론을 기반으로 한 대표적 KIT MUD |

사와의 수익 분배가 9 대 1 혹은 8 대 2의 구조로 출발했다. 하지만 머드 게임이 폭발적 성장을 한 이후에는 수익 분배 구조가 6 대 4 혹은 5 대 5 형태로 변하여, 결국에는 초기 수익구조와 정 반대의 현상이 나타나게 되었다. 이러한 이유는 소비자들이 PC 통신을 할 수 있는 업체가 하이텔, 천리안, 나우누리 등 몇 개 사업자로 제한되어 있었다. 이러한 통신 사업자들을 기반으로 하여 통신 과금을 하는 구조였기 때문에 텍스트 머드 게임업체는 울며 겨자 먹기 식으로 경영할 수밖에 없었다. 이러한 내용은 삼정데이터시스템의 오충용 사장의 인터뷰에서 다시 한번 확인할 수 있었다.

> PC 통신사에 간 이유는 사실 돈 때문에 갔습니다. 저희는 유저에게 돈을 받을 길이 없었고, PC 통신사에서는 매월 사용료를 받으니깐, 저희가 PC 통신사를 간 이유는 과금문제를 해결하기 위해 갔습니다. 처음에는 2 대 8 이런 얘기를 했었습니다. PC 통신사쪽이 2, 우리 회사가 8 이었습니다. 이유는 당시 IP진흥책이 이러한 이유를 뒷받침하고 있습니다. 그래서 쉽게 말해서 IP 서비스에 대해 수익 100%를 IP업체에게 주어도 100만 원이 안 되는 IP업체가 95%였습니다. 그런 시절이었으니까, 만약에 5 대 5 이라고 수익 배분을 한다면 모든 업체

〈표 Ⅲ-3〉 3대 PC 통신 IP 제공 순위[4]

| 순위 | 한국통신 (하이텔) | | 데이콤 (천리안) | | 나우콤 (나우누리) | |
|---|---|---|---|---|---|---|
| | DB | 종류 | DB | 종류 | DB | 종류 |
| 1 | 쥬라기 공원 | 머드 게임 | 쥬라기 공원 | 머드 게임 | 단군의 땅 | 머드 게임 |
| 2 | 옥소리 | 기업광고 | 한국증권 전산 | 증권정보 | 쥬라기 공원 | 머드 게임 |
| 3 | 한국증권 전산 | 증권정보 | 시간여행자 | 머드 게임 | 타임 스트레인저 | 머드 게임 |
| 4 | 우리들의 스타 | 연예뉴스 | 신세대 자료방 | 자료실 | 스크린 | 영화정보 |
| 5 | 토정비결 | 운세풀이 | 인터넷 | 인터넷 접속 | 윈도우 이야기 | 컴퓨터 강좌 |
| 6 | 리쿠르트 취업정보 | 취업안내 | 사주박사 | 운세풀이 | 스포츠 서울 | 기사제공 |
| 7 | 씨네텔 | 영화정보 | 스크린 | 영화정보 | 당구 | 스포츠 게임 |
| 8 | 스포츠 서울 | 기사제공 | 스포츠 서울 | 기사제공 | 인터넷 | 인터넷 접속 |
| 9 | 제이현 시스템 | 기업광고 | 퀴즈의 천국 | 퀴즈게임 | 퀴즈의 천국 | 퀴즈게임 |
| 10 | Job Data Line | 취업안내 | 취업정보 | 취업안내 | 컴퓨터 파라다이스 | 컴퓨터 강좌 |

가 죽는 상황이었습니다. 시작은 2 대 8, 1 대 9로 남들처럼 했는데 뚜껑을 딱 열어보니 다음달 갑자기 태도가 돌변하더니 6 대 4로 이야기를 하더군요. 이럴 줄은 몰랐다는 것이었습니다. 저희가 모 PC 통신사 전체 매출의 10%까지도 올라간 적이 있어요. 그래서 처음에는 저희한테 좋은 조건에서 제시했지만, 나중에는 조건들이 점점 나빠지기 시작했습니다. 그래도 어쩔 수 없었습니다. 갑과 을의 차이였으니까요.[5]

4) "이런 IP가 성공한다," PC 월드, 1995년 4월호.

5) 오충용 사장과의 인터뷰에서.

PC 통신업체들과의 이러한 왜곡된 수익구조는 텍스트 머드 게임 업체에게 많은 부담으로 작용했다. 폭발적인 서비스에도 불구하고 게임 업체에 돌아가는 수익은 예상보다 많지 않았다.

## 3 머드 게임 사례연구

이번 절에서는 부록의 연표에 제시된 온라인게임사 연구에 기념비적인 역할을 한 온라인게임들을 자세히 알아보겠다.

### 1) 삼정데이터시스템의 '쥬라기 공원'

우리나라 최초로 온라인게임을 상용 서비스한 삼정데이터시스템은 1994년 7월 천리안에서 '쥬라기 공원'을 서비스하기 시작하여, 이후 하이텔, 나우누리로 서비스를 확대하여, 마리텔레콤의 '단군의 땅'과 더불어 당시 머드 게임의 확산을 몰고 온 회사이다.

'쥬라기 공원'은 쥬라기 공원의 파괴된 시스템을 복구하는 것을 목표로 하는 텍스트 기반의 머드 게임으로, 게임 안에서 게이머들은 많은 사람들과 사귀고, 함께 무리를 지어 사냥하고 생활하는 성장 게임이다.

#### (1) '쥬라기 공원' 개발 및 서비스 과정

1992년 미국 뉴욕대에서 전산학을 전공하던 중 컴퓨터와 엔터테인먼트를 접목한 사업을 하고자 귀국한 오충용 사장은 삼정데이터시스템을 설립하고, 당시 KAIST 박사과정이었던 송재경[6] 씨와 함께 기존에 인터넷 상에 떠

6) '쥬라기 공원' 및 엔씨 소프트의 '리니지' 개발자이며 전 엔씨 소프트 부사장, 현재 X2GAME 대표이사이다.

〈그림 Ⅲ－1〉 '쥬라기 공원' 게임화면

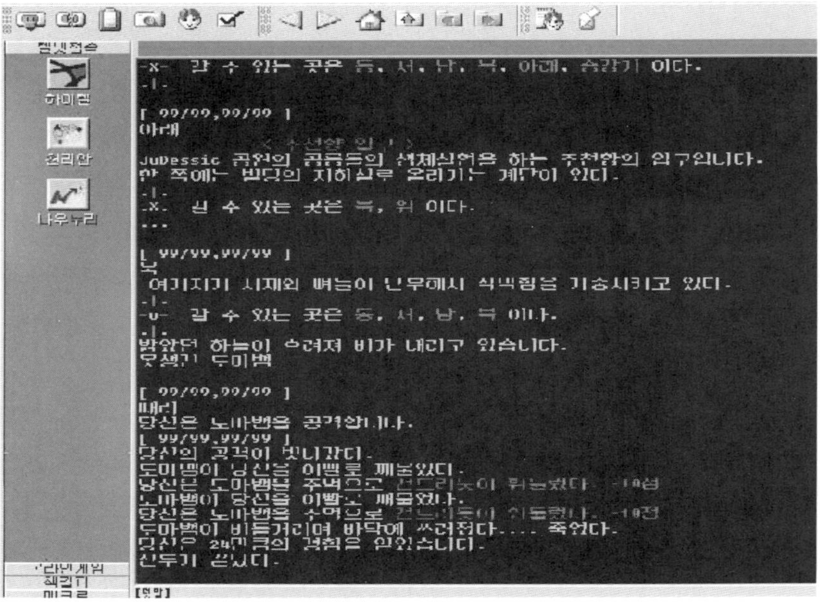

돌고 있던 소스 코드를 이용해서, 한글 지원이 가능한 '쥬라기 공원' 을 개발했다. 오충용 사장은 제작 당시의 상황에 대해 다음과 같이 이야기한다.

> 텍스트 머드로 게임을 해도 되겠다라고 생각을 하고, 어떻게 할 것이라는 것을 봤을 때 마침 그 당시에 해커들이 갖고 놀던 툴들이 수없이 많았죠. 그 당시에 머드 관련 툴들이 100개도 넘게 있었을 거예요. 수백 개가 있었을 텐데. 그 중에서 송재경 씨가 제일 잘 만지던 것이 LP였거든요. 그럼 LP 갖고 한번 해보자. 그래서 뚝딱뚝딱 만들어서 열흘 정도, 정확히 말해서 7일 정도 만에 만든 거죠.[7]

'쥬라기 공원' 은 기존에 출판된 쥬라기 공원이라는 책을 이용해서 그 책의 내용 및 구성을 거의 그대로 게임화한 것이다. 예를 들어 책에서는 차 타

---

7) 오충용 사장과의 인터뷰에서.

고 가다가 나무에 걸려 있는데 줄을 타고 나무 밑으로 내려간다고 하면 '52페이지로 가시오' 라고 지시하고 차 안에 계속 있으면 '32페이지로 가시오' 라는 식의 하이퍼링크로 되어 있었는데 게임에서는 단순히 52페이지, 32페이지가 아니라 '103번 방으로 가시오', '105번 방으로 가시오' 라는 점에서 차이점이 있었다. 즉, '쥬라기 공원' 이라는 게임은 기존의 쥬라기 공원이라는 책을 거의 그대로 입력해서 텍스트 머드로 만든 것이다.

그러나 게임 개발 후 서비스를 위해 PC 통신사를 찾아갔을 때 PC 통신사들의 반응은 서비스의 성공 가능성에 대해 회의적이었다. 그러나 오충용 사장은 당시 전산 전공자들 사이의 인적관계를 이용해서 PC 통신사를 설득했고, 결국 국내 최초로 텍스트 머드 게임을 상용 서비스할 수 있었다. 다음은 PC 통신사에서 서비스할 수 있었던 과정에 대한 오충용 사장의 말이다.

> 우리나라는 좁거든요. 지금도 좁지만 그땐 더 좁았어요. 전산학과 졸업하면 잘 되도 전산실장 못 되도 전산실장. 워낙 좁은 사회니까 … (중략) 천리안 하이텔 나우누리 사람들하고 관계가 아주 좋았죠. 제가 처음에 회사를 만든게 미국에서 오자마자 만들었으니까 1992년도 그때 만들고 … 그때 다 그냥 제 주변 사람들이 다 그런 사람이었어요. 데이콤이나 KT나 … 말씀드렸다시피 워낙 좁아요. 그 얼굴이 그 얼굴이고 … 특별히 원수진 일이 아니고선 반대하기가 어렵죠.[8)]

또한 게임 서버의 자체 운영을 제안했는데, 다른 콘텐츠와 달리 온라인게임은 상호작용 게임(Interaction Game)이기 때문에 게임 서버가 따로 존재해야 했다. 당시 PC 통신사는 게임 서버를 별도로 운영 유지 보수하는데 상당한 부담을 느꼈고, 이에 삼정데이터시스템은 게임 서버를 자체 운영함으로써 PC 통신사의 부담을 줄여주면서, PC 통신을 통해 서비스할 수 있었다. 그러나 실제 서버를 운영하는 데 다소 어려움이 있었는데 그때의 상황에 대한 오충용 사장의 말이다.

---

8) 오충용 사장과의 인터뷰에서.

서버 운영 때문에 굉장히 제가 힘들었었죠. 왜냐하면 게임 서버를 사야 하는데, 그때만 하더라도 리눅스는 아직 명함을 못 내밀던 때이므로 유닉스 머신을 사야 하는데, 유닉스 머신은 SUN, HP 뭐 이런 것인데, 그런데 아시다시피 SUN, HP는 억대지 않습니까? 돈이 없는데 어떻게 합니까? 리스로 SUN을 샀죠. 어떤 측면에서 그 때문에 KAIST 친구들도 많이 놀러 온 것 같아요. 처음으로 제가 들여왔을 겁니다. 아마 그 이후로도 3개 정도밖에 안 들여왔을 거예요. 그걸 사서 시작했죠.[9)]

당시 국가 정책적으로 IP(Information Provider) 진흥책을 추진할 정도로 영세한 IP회사들의 상황에서, 초기의 수익배분은 삼정과 PC 통신사가 8 대 2의 비율이었다. 그러나 막상 서비스가 시작되고 난 후 예상외로 '쥬라기 공원' 은 앞서 나온 PC 통신 접속자 통계에서도 보다시피 접속순위 1위를 차지하는 등 온라인게임의 열풍을 몰고 왔다.

당시 '쥬라기 공원' 은 동시접속자수가 보통 100~200명 정도로, 최대 300명 정도를 수용할 수 있었으며, 이는 시스템 상의 한계에 기인한 것으로, 실제 가입자수는 최대 10만 명 정도까지 이르렀다. 따라서 분당 10원의 과금으로 6 대 4, 5 대 5의 수익 배분 비율을 가질 당시 천리안을 통해 얻은 삼정데이터시스템의 수익이 월 대략 1억 원 정도였다.

또한 게임의 진행흐름을 조절하고 기본 설정을 담당하여 플레이어들이 원활하고 재미있는 게임을 할 수 있도록 돕는 사람을 뜻하는 GM(Game Master)이 쥬라기 공원을 서비스할 당시에도 존재했다. 현재의 GM은 게임 전반에 걸쳐 게임의 품질이 유지되고 향상될 수 있도록 운영하며, 고객을 지원하고, 게임 내 각종 데이터베이스에서 유저들의 행동 패턴을 발견하는 등의 운영자보다 다소 포괄적인 업무와 권한을 갖고 있다. 반면 초기의 GM의 역할은 비공개적으로 관찰하면서 불법적 플레이를 못하도록 막는 역할로 현재의 GM보다는 다소 소극적이었다.

물론 GM이 존재했기 때문에 게임 내에서 유저들의 불법적인 행동에 대한

---

9) 오충용 사장과의 인터뷰에서.

통제는 가능했지만, 유저들이 어떻게 행동할지에 대해 예측이 불가능하다 보니 예상하지 못했던 버그도 있었다. 당시 대표적인 버그에 대한 이야기이다.

> 엘리베이터 걸을 하나 만들어 놨어요. 왜냐하면 사람들이 엘리베이터에 들어오면 텍스트니까 안내가 필요하잖아요. 엘리베이터 걸을 만들어 놓았는데 신고가 들어왔어요. 그때도 운영자한테 신고할 수 있었거든요. 강제 추행신고가 들어왔어요. 가봤더니 엘리베이터 걸을 두고 추행을 하고 있더군요. 어떤 단어에 대해 어떻게 반응을 일으킨다는 것을 해놨는데, 추행은 안 들어있으니까 유저들이 제가 생각하는 코딩을 우회해서 해킹을 해서 추행하는 거죠. 다른 유저들은 옆에서 지켜보면서 다 박수치고 … [10]

### (2) 온라인게임사업 포기 및 ISP 사업으로의 전환

삼정데이터시스템이 처음에 PC 통신사를 통해 서비스를 결정한 이유는 온라인게임에 대한 과금 문제를 해결하기 위해서였으나, 앞서 언급한 것처럼 막상 서비스가 시작된 후 예상외로 상당한 수익을 거두게 되었다. 이에 PC 통신사는 초기에 삼정데이터시스템과 PC 통신사의 8 대 2의 수익배분에서 5 대 5, 6 대 4, 심지어 2 대 8까지 점차 삼정데이터시스템 측에 불리한 조건을 제시했다. '쥬라기 공원 1' 이 이후 '쥬라기 공원 2', '쥬라기 공원 3' 까지 서비스를 확대하였지만, 당시 불리한 수익배분으로 인해 삼정데이터시스템은 텍스트 머드 게임사업을 포기하고, ISP 사업으로 주 업종을 전환했다.

넥슨에서 이미 그래픽 게임을 개발하고 있던 당시에도 삼정데이터시스템의 오충용 사장은 당시 컴퓨터 성능 사양 및 모뎀 상태에서 문자로 그래픽화한 세미그래픽(Semi-Graphic)은 가능할지 몰라도 2D 그래픽 게임은 너무 이르다라고 판단했다. 그래서 그래픽 게임 개발을 하지 않았으며, 결국 ISP 전환 후 2~3년 뒤 초고속통신망이 나오면서 그래픽 게임 개발을 다시 시도했으나 결국 시도하지 못했고 그 이유에 대해 다음과 같이 설명한다.

---

10) 오충용 사장과의 인터뷰에서.

2~3년 지나고 난 이후에 이제 ADSL나오기 시작하면서 그래픽 게임을 개발하려고 했는데, 대한민국에서 개발할 수 있는 사람이 5명도 안 돼요. 그런데 그 5명이 다 자기 개발하고 있었거든요. 그래서 결국은 못했죠. 그 친구들 아니고 다른 친구들 데리고 했으면 하긴 했겠지만 결국은 Garbage in, Garbage out이거든요. 그 정도 성과를 낼 수 있지 않으면 답이 안 나오거든요.[11)]

결국 삼정데이터시스템은 1997년 CP(Content Provider)의 ISP에 대한 의존성 및 ISP 사업의 지속성에 대한 낙관적 전망으로 ISP 사업으로 주 업종을 전환하였으나, 예측과 달리 초고속통신망이 1998년 시작됨에 따라 ISP 사업에서도 실패했다. 현재는 아프리카에서의 ISP 사업의 성공 가능성을 발견하고 아프리카 ISP 사업 진출을 위해 준비하고 있다.

## 2) 마리텔레콤

'단군의 땅', '아크메이지'로 1990년대 후반 한국뿐만 아니라 세계 텍스트 기반 머드 게임을 선점했던 마리텔레콤은 1994년 장인경 사장이 처음 시작한 회사이다.

장인경 사장은 서울대학교 공과대학의 첫 번째 여성이다. 1951년 서울에서 태어난 장사장은 한국전자통신연구소, 삼성전자, 삼성휴렛팩커드, 쌍용컴퓨터 등을 거쳐 생산기술 연구소 연구원으로 있다가 컴퓨터 게임만 하다가 제적 위기에 처한 KAIST 학생들을 구하기 위해서 연구소를 그만둔다.

그는 이 제적 위기에 빠진 학생들에게서 한국 콘텐츠 사업의 미래를 예견했다고 한다. 같은 기술을 놓고 미국 아이들은 대접을 받는데 한국 아이들은 학교에서 쫓겨나는 것이 뭔가 크게 잘못되었다고 느끼고 학생들을 구하기 위해서 KAIST 여러 교수들을 찾아가 설득하였다. 결국 그의 노력은 학생들을 제적의 위기에서 구해냈다. 뿐만 아니라 음성적으로 오락을 만들고 하던 학생들이 학교 안에서 게임을 공식적으로 할 수 있게 동아리라는 공간을

11) 오충용 사장과의 인터뷰에서.

만들어 주었고 한발 나아가 '마리텔레콤' 을 창업하게 된다.

### (1) 성공적인 첫걸음 –'단군의 땅'

'단군의 땅' 은 따뜻한 게임을 만들겠다는 장인경 사장의 정신과 제적의 위기까지 몰렸던 KAIST 학생들의 능력을 합쳐서 만들어진 작품이다. 단군과 고조선이 게임의 기본배경이며, 우리만의 고유한 민속, 풍습, 자연을 우리말로 구현하였다. 1992년 KAIST에서 시작된 KIT 머드는 한글이 지원되지 않고 게임의 유지관리가 힘들다는 단점이 있었다. KIT 머드를 기본으로 하는 '단군의 땅' 은 이러한 KIT 머드의 단점 보안에 주력하여 한글만으로 처음부터 끝까지 진행되었으며 당시의 모뎀 환경을 고려하여 텍스트를 기반으로 하는 가상현실을 만들었다.[12]

'단군의 땅' 은 사회적인 커뮤니티를 표방하였다. '단군의 땅' 의 최종 목표는 신선이 되는 것으로 이 신선이 되기 위해서는 지리를 파악하고 괴물과 싸우거나 정보를 교환하는 단계뿐만 아니라 서로 도와 일을 협동하고 다른 사람을 도와주는 단계까지 거쳐야 된다.[13] 게임 커뮤니티 내부를 치유하기 위해서는 보통 두 가지가 필요하다고 하는데, 운영자가 잘하거나 아니면 사용자 중에 극도로 존경받는 그룹이 있어야 한다. 여러 단계를 거쳐 신선의 위치에 오른 유저는 그 후자의 역할을 수행할 수 있다. 신선은 '단군의 땅' 내에서 극도로 존경받는 그룹을 형성하게 되고 다른 게임들과 달리 사회적인 커뮤니티를 만든다.

장신환 씨의 인터뷰에서 보면 '단군의 땅' 이 처음에 만들어지기 전부터 마리텔레콤이 이러한 사회적인 커뮤니티를 얼마나 중요시했는지 알 수 있다.

> 게임을 두 가지로 분류하고 있습니다. 하나는 사회적인 머그(Prosocial Mmog)와 반사회적인 머그(Antisocial Mmog)로 나누고 있어요. (중략) 사회적

12) "네트워크게임 '단군의 땅'," PC월드, 1994년 6월호.

13) "게임 세계의 태풍, 온라인게임," 마이컴, 1994년 9월호.

〈그림 Ⅲ－2〉 '단군의 땅' 게임화면

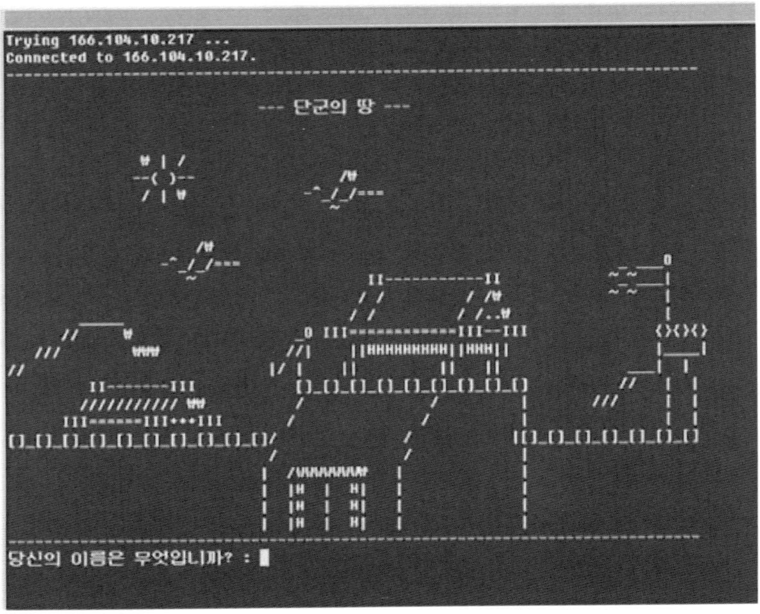


인 머그는 (중략) 따뜻한 분위기에, 환상적인 자연, 아름다운 풍경, 감동, 서로 협조하는 것, 그리고 극도로 고립되어 있으며 혼자 장기간 움직이는, 그게 꼭 사회적으로 고립된 것까지 포함돼요. (중략) 장인경 사장의 주장은 뭐였냐 하면 게임들이 너무 어둡다, 공격적이다, PK[14] 일색이다 라는 것이예요. 즉, 배설의 게임이다라고 했고, 배설의 게임이면서 동시에 패도의 게임이다, 그래서 왕도의 게임으로 게임 커뮤니티를 치유해 줘야 된다고 했어요. 생산적 게임, 그리고 합치적인 게임, 이런 걸 얘기했어요. (중략) 게임 커뮤니티의 소위 네거티브한 부분을 포지티브한 게임 커뮤니티로 치료해줘야 한다라고 하는게 장인경 사장의 입장이었죠.[15]

14) PK: Player killing의 약자. 가상공간(경우에 따라서는 정해진 장소에서만 가능)에서 플레이어들이 서로 대결을 통해서 죽고 죽일 수 있는 온라인게임 내의 제도.

15) 이 인터뷰는 2004년 8월 16일 원광디지털 대학교 부천게임센터 회의실에서 오후 4시부터 6시까지 2시간 동안 현재 원광디지털 대학교 교수이자 전 마리텔레콤 이사였던 장신환 씨를 대상으로 진행되었다. 인터뷰어로 위정현, 정해광, 김보경이 참여하였다.

그리고 머드 게임을 하느라 다니던 대학교에서 제적위기에 빠졌던 개발자들의 경험을 살려 1주일의 사용시간을 엄격히 제한하고 중 · 고등학생, 주니어, 그리고 성인용으로 개별 관리했다.[16)]

왕도의 게임, '단군의 땅' 은 1994년 8월부터 나우누리를 통해서 서비스되기 시작하여 폭발적인 지지를 얻었다. 1995년 4월 IP수입으로 월 1,400만원을 벌어들였고,[17)] 1996년에도 하루 200~300명이 이용할 정도로 지속적인 인기를 누렸다.[18)] 그리고 마리텔레콤이 표방한 대로 사회적인 커뮤니티를 만들어 갔다. '단군의 땅' 은 중고등학생부터 30대 후반까지 폭넓은 층의 사랑을 받았고, 게임을 하다가 만나 결혼한 커플도 적지 않았다고 한다.

### (2) 세계를 향한 마리텔레콤의 의지 – '아크메이지'

이처럼 마리텔레콤의 첫 번째 작품인 '단군의 땅' 은 우리나라에서 폭발적인 반응을 일으켰다. 하지만 통신업체의 수익 분배 등의 문제로 그만큼의 수익을 얻지 못했던 마리텔레콤은 눈을 해외로 돌리게 된다.

마리텔레콤은 미국 시장의 가능성에 주목했다. 1990년대 후반만 해도 미국의 인터넷 보급률은 한국과 비교할 수 없이 좋은 상황이었다. 당시 한국의 인터넷 사용자는 100만 정도 수준이었지만 미국은 이보다 훨씬 보급이 앞섰고 빨랐다.[19)] 또한 미국 시장에서 콘텐츠가 인정을 받으면 세계시장에 접근하기가 그만큼 쉬워진다고 판단했다. 결국 마리텔레콤의 장인경 사장은 세계 시장을 대상으로 우선 미국 시장부터 공략하자라는 전략을 세우게 된다.

우리말로 '대마법사' 를 뜻하는 '아크메이지' 는 이러한 전략 하에 마리텔레콤이 두 번째로 내놓은 작품이다. 1997년부터 개발을 시작하여 1998년부터 미국에서 첫 선을 보인 '아크메이지' 는 처음부터 영어로 개발했고, 이를

---

16) "이런 IP가 성공한다," PC월드, 1995년 4월호.

17) "이런 IP가 성공한다," PC월드, 1995년 4월호.

18) "머드 게임 신화를 연 마리텔레콤," 마이컴, 1996년 12월호.

19) 장신환 씨와의 인터뷰에서.

〈그림 Ⅲ-3〉 '아크메이지' 접속자 유형(2001년)

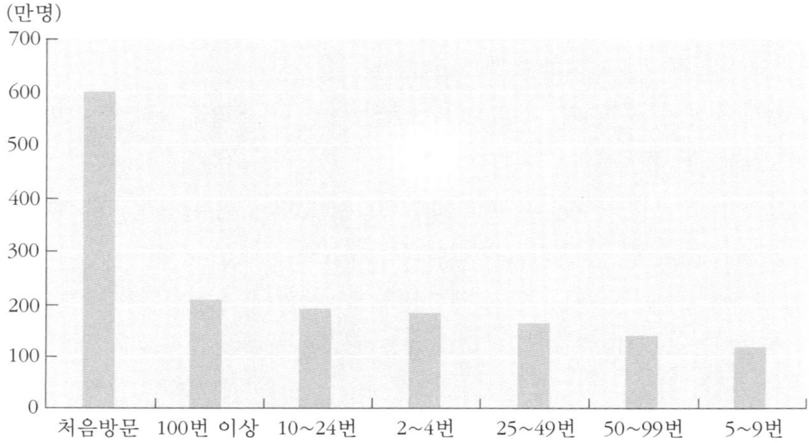


위해서 컨셉부터 개발진 모두 미국에서 생활하면서 미국 시장에서 직접 미국인들의 관점을 지니도록 노력했다. 또한 미국 교포 등을 포함한 외국인들도 참여하였다. 그리고 우리나라의 대부분의 그래픽 아티스트는 일본 캐릭터의 영향을 알게 모르게 받곤 하는데 이러한 영향에서 완전히 독립된 비일본계 아티스트를 고용하여 미국적인 트렌드를 인지하고자 했다.

그리고 이들의 노력은 1998년 11월 서비스를 시작한 이후, 폭력이나 섹스가 없는 새로운 형태의 네트워크 게임으로 미국, 그리고 스웨덴에서 큰 반향을 일으킨다. 처음 서비스를 시작한 불과 4개월 만에 미국 내 접속 횟수 1위라는 성적을 올렸고[20] 2001년까지 고객들의 꾸준한 사랑을 받았다(〈그림 Ⅲ-3〉, 〈Ⅲ-4〉 참조).[21]

하지만 미국에서 중소기업이 활동한다는 것은 결코 쉬운 일이 아니었다. IMF 직후 환율 상승으로 금전적인 부담도 커졌고, 미국에서 인력을 모집하고 훈련, 육성한다는 사실도 마리텔레콤에 부담을 주었다.

그리고 닷컴 기업의 버블이 빠지면서 마리텔레콤은 큰 타격을 받게 된다.

20) "국내 인터넷게임 美시장서 돌풍," 서울신문, 1999년 4월 13일 기사.

21) 마리텔레콤 내부자료.

〈그림 Ⅲ-4〉 '아크메이지' 접속자수(2001년)

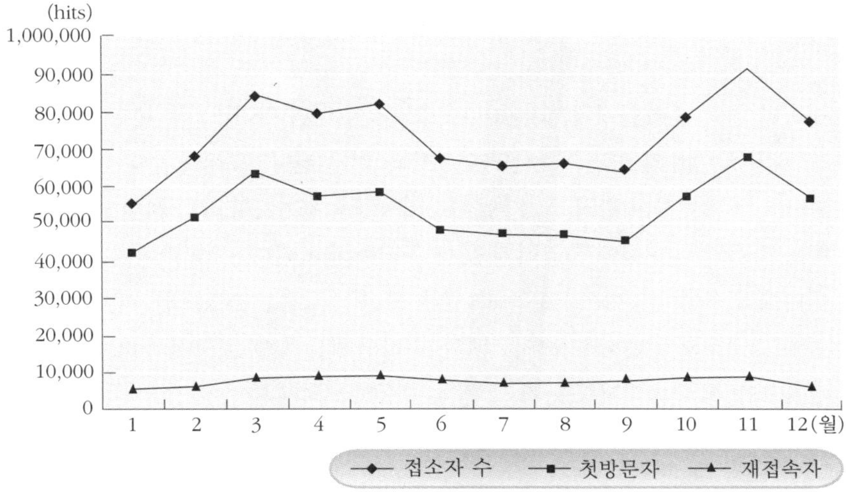


자료: 마리텔레콤 내부자료

무료로 서비스되던 '아크메이지'의 비즈니스 모델은 무료서비스기반의 광고 수입원이었다. '아크메이지'가 서비스를 시작할 당시만 해도 이러한 광고 기반의 수입원은 상당히 고무적으로 평가받았다. 하지만 닷컴 버블이 전 세계적으로 급격하게 빠지면서 상황은 완전히 달라졌다. 미국의 온라인 광고시장은 2000년 3사분기 이후로 급격히 악화되어, 광고단가가 하락하고 신규투자자금의 유입이 중단되었다. 다수의 대형 광고 에이전시들이 폐업 또는 타기업에 흡수합병되었고, 이 가운데에서 마리텔레콤은 기대했던 만큼의 수입을 얻지 못하게 된다. 기존의 주 거래처 광고 에이전시의 불안정한 경영상황으로 인해 기존 계약 만료 후 신규 계약을 체결하지 못하여 영업수익의 현저한 감소가 일어났으며 2002년까지 실질적인 수입원 없이 '아크메이지'를 운영함에 따라 서서히 경쟁우위를 잃게 된다.

### 3) 미리내소프트웨어

1990년대 중반 '단군의 땅', '쥬라기 공원' 등의 머드 게임으로 주목받기 시작한 한국 온라인게임은 1990년대 후반 '바람의 나라', '리니지' 등의 머그 게임에 이르러 산업으로서의 입지를 굳히게 된다. 그러나 1994, 1995년 활발하게 활동하며 한국 PC 게임시장의 중흥기를 이끌던 PC 게임업체들은 대부분 이러한 흐름에 동참하지 못하고 쇠퇴하고 만다. 그렇다면 그 원인은 어디에 있을까. 본 항에서는 1990년대 중반 대표적인 PC 게임 개발업체였던 미리내소프트웨어의 사례를 통해, 온라인게임의 발전 속에서 PC 게임업체가 어떻게 변화되어 왔는지 그 과정을 살펴보고자 한다.

#### (1) 현황 및 개요

1987년 이전까지만 해도 게임 개발은 그저 개인의 취미활동으로 이루어졌다. 그러나 1987년 저작권법이 본격적으로 시행되면서 게임개발은 단순한 취미가 아닌 하나의 사업영역으로 자리잡기 시작한다. 그러한 과정에서 미리내소프트웨어, 소프트액션, 패밀리프로덕션, 막고야 등의 PC 게임 전문 개발업체가 설립되었다. 이후 이들 업체들은 다수의 상용 PC 게임을 발매하여 활발한 활동을 벌였고 1994년과 1995년 국내 PC 게임의 중흥기를 이끌게 된다.

1990년대 초, 중반 국내 PC 게임시장은 매년 50% 이상 성장하며 1994년에는 전체 CD롬 타이틀 시장의 30%가 PC 게임일 정도로 중흥기를 맞고 있었다.[22] 그리고 이러한 PC 게임시장의 성장, 그 중심에 미리내소프트웨어가 있었다. 미리내소프트웨어는 1987년 정재성 사장이 설립한 PC 게임개발업체이다. 1987년 '그날이 오면 1'을 시작으로 '자유의 투사', '고룡전기 퍼시벌'과 같은 PC 게임을 개발하며 1990년대 말까지 대표적인 게임개발업체로 활동해 왔다. 특히 1989년에 발매된 '그날이 오면 2'는 MSX2(8비

22) 『경영과 컴퓨터』, 1995년 2월호, 『국가정보화백서』(1995).

트)용으로 제작된 국내 최초의 상용 PC 게임으로, 국내 PC 게임 역사상 중요한 의미를 가진다.[23] 당시 판매량은 1,000여 개밖에 되지 않았으나 그래픽이 일본 제품보다도 뛰어나다는 평가를 받을 만큼 수작이었다고 한다.[24]

1995년 정보통신부와 한국통신 등으로부터 유망중소정보통신업체로 선정되는 등 성장세에 있던 미리내소프트웨어는, 1997년 국내 게임을 전문적으로 유통하던 코가유통의 부도로 인해 문을 닫게 된다.[25] 그리고 최근 회사명을 미리내엔터테인먼트로 변경, 'KAHN' 이라는 3D 온라인게임을 서비스하며 온라인게임업체로서 다시 게임 시장에 모습을 보였다. 'KAHN' 은 2004년 2월 태국과의 서비스 계약에 이어 3월 태국 방콕에서 호주를 비롯한 싱가폴, 말레이지아 등 동남아시아 9개국과 이미 서비스 계약이 끝난 상태이다.

### (2) 설립 및 발전과정

미리내소프트웨어는 1987년 전자공학을 전공하던 정재성 사장이 대학 재학중에 설립한 회사이다. 처음부터 게임을 개발할 생각으로 설립한 회사는 아니라고 한다. 설립 초기에는 전공인 전자공학을 살려 각종 칩을 주문받아 생산하는 형식으로 사업을 이끌었다. 그러던 중에 반도체 관련 칩 설계를 일본에서 의뢰받았는데 그 칩이 소위 오락실 게임에 들어가는 그래픽 칩이었고, 그 칩을 테스트하는 프로그램을 만들면서 게임시장에 발을 들여놓게 된 것이다. 당시 단순 테스트 용으로 제작한 프로그램이었지만 그 프로그램에 대한 반응이 매우 호의적이었다고 한다. 그래픽을 조금 수정해서 일본에 수출까지 했는데, 이 프로그램이 바로 '그날이 오면1' 이다. 다음은 '그날이 오면' 시리즈에 대한 정재성 사장의 말이다.

---

23) '그날이 오면2' 에 앞서 '그날이 오면1' 이 개발되었지만 이는 오락실용 아케이드 게임이었고, 일본 수출용으로 국내에는 시판되지 않았다.

24) "게임1호는 그날이 오면2," 중앙일보, 1997년 9월 23일 기사.

25) ""게임리더 미리내 엔터테인먼트 정재성 대표," 게임신문, 2004년 2월 3일 기사.

〈그림 Ⅲ－5〉 '그날이 오면2' 게임화면

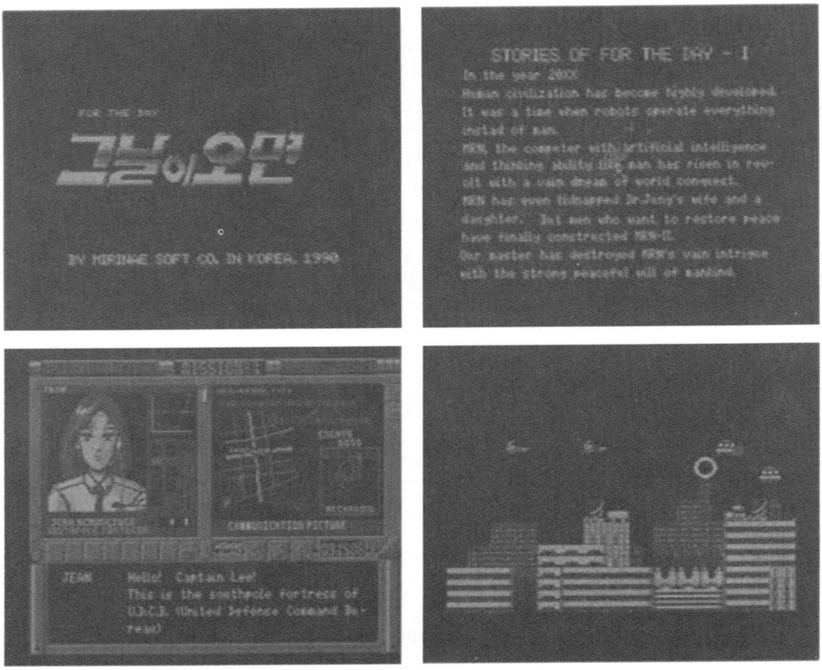


> '그날이 오면1' 은 오락실용 아케이드 게임이었습니다. 오락실 사업은 그 당시 이권 사업에서, 위협을 받아서 더 이상 진행할 수가 없었습니다. 그 이후 '그날이 오면2' 를 만들었지만 매출이 별로 좋지 않았어요. 그러다 PC 게임인 '그날이 오면3' 을 만들었는데 1,000만 원도 안 들인 게임이 5,000카피 이상 판매되었습니다. 이 게임이 미리내가 성장하는 기반이 되었고 … 불법복제 방지 기술을 개발한 것도 주효했습니다. 이 게임으로 인해 게임이 돈을 벌 수 있다는 인식의 변화를 가져왔다고 볼 수 있었고, 이후 많은 사람들이 게임시장에 뛰어들기 시작했습니다.

앞서 언급한 바와 같이 '그날이 오면2' 는 국내 최초의 상용 PC(MSX) 게임이다. 비록 매출이 별로 좋지는 못했지만 사용자들의 호의적인 반응을 얻으며 게임시장에 '그날이 오면' 이라는 이름을 각인시켰다. 또한 돈을 주고 소프트웨어를 산다는 것을 이상하게 여겼던 당시 소비자들에게, 하나의 상품으로서 게임을 구매하도록 한 계기가 되었다. 이후 IBM PC용으로 제작된 '그날이 오면 3'의 성공을 발판으로 1994년에는 개인회사에서 자본금 1억 원의 법인으로 전환하고, 1995년에는 정보통신부와 한국통신 등으로부터 유망중소정보통신업체로 선정된다. 또한 1996년에는 미국, 캐나다 및 네덜란드, 핀란드 등에 10여 종의 게임 총 17만 개를 수출하여 약 1억 4,000만 원의 매출을 올리는 등 해외시장 진출에도 주력하였다.[26)]

### (3) 온라인게임의 개발

1990년대 중반 미리내소프트웨어는 온라인게임의 개발에도 관심을 가지고 있었다. '단군의 땅'(마리텔레콤), '쥬라기 공원'(삼정데이터시스템) 등 머드 게임이 PC 통신에 폭발적인 인기를 끌고 있던 그 때에, 미리내소프트웨어는 텍스트 머드 게임이 아닌 그래픽 머그 게임 개발을 준비한다. 당시 시대의 화두였던 인터넷을 바라본 것이다. 미리내소프트웨어는 가까운 시간 내에 인터넷의 보급이 이루어질 것이라고 예상했다. 따라서 이미 상용화되어 여러 게임업체가 경쟁하고 있는 머드 게임이 아니라, 머지않아 갖춰질 인터넷 환경에 맞는 게임, 즉 그래픽 기반의 머그 게임을 개발해야 한다고 판단하였다.

그러한 노력으로 1년여에 걸쳐 개발된 것이 '망국전기'라는 롤플레잉 게임이다. 망국전기는 현재의 '리니지'(엔씨 소프트)와 같은 형태의 그래픽 머그 게임이었다. 인터넷에 대한 개념이 생소하던 1990년대 중반, 정재성 사장은 고가의 장비를 구입하여 인터넷 환경에 맞는 그래픽 게임을 개발했던 것이다. 하지만 그러한 과정에서 인터넷과 01410망을 혼돈하는 중대한 실수를 범하게 된다.

01410망은 인터넷과 거의 비슷하나 패킷(네트워크 전송 단위)을 처리하는 방식이 약간 다르다. 그런데 미리내소프트웨어의 개발자들은 이러한 차

---

26) "게임 SW수출 "불황이 웬말" 미리내소프트웨어사," 서울경제, 1996년 12월 19일.

이점을 정확히 알지 못했다. 그리고 인터넷 환경에 맞도록 '망국전기'를 개발했다. 인터넷에 맞게 개발하더라도 PC 통신을 통해 서비스하는 데에 무리가 없을 것으로 생각한 것이다. 1996년 인터넷의 보급이 활발히 이루어지지 않은 상황에서 미리내소프트웨어는 PC 통신을 통해 망국전기를 서비스하기 시작한다. 그러나 인터넷에 적합한 형태로 개발된 '망국전기'가 01410망과 같은 PC 통신망에서 제대로 작동할 리 만무했다. 사용자의 네트워크 상황에 따라 게임의 속도가 달라지는 등 오작동이 계속되었고, 결국 서비스 시작 몇 달 만에 미리내소프트웨어는 망국전기를 포기하게 된다.

### (4) PC 게임 업체의 온라인게임시장 진출 실패

1990년대 후반 '바람의 나라', '리니지'가 엄청난 인기를 누리며 한국 게임산업이 전세계의 주목을 받기 시작했다. 하지만 미리내소프트웨어는 이러한 흐름에 동참하지 못했다. 미리내소프트웨어의 내·외부적인 경영 문제도 있었지만 단지 그 이유만은 아니었을 것이다.

하나는 온라인게임 개발에 대한 역량 부족이다. 좀 더 구체적으로 말하면 온라인게임을 개발할 수 있는 핵심 기술이 취약했던 것으로 보인다. 온라인게임 개발은 PC 게임 개발과 비슷한 점도 많지만, 기본적으로 네트워크 관련 기술에 대한 이해를 요구한다. 미리내소프트웨어는 한국의 대표적인 PC 게임 개발업체로 높은 수준의 개발력을 보유하고 있었으나, 온라인게임 그 중에서도 특히 머그 게임 개발에 필요한 서버 기술에 취약했던 것으로 보인다.

그 원인은 여러 가지가 있을 것이다. 기존의 관심분야를 바꾸려 하지 않는 개발자들이 새로운 기술을 습득하려 하지 않았을 수도 있다. 초기의 PC 게임 개발자들은 PC 게임에 대한 매니아적 성격이 강한 사람들로 대부분 취미로 게임 개발을 시작했다. 그들은 향후 시장성, 사업성을 고려해서 게임을 개발하기보다 단순히 자신이 좋아하는 게임을 만들고자 했다. 이러한 PC 게임 개발자들의 성향은 인터넷 등 새로운 기술을 받아들이는 데 장애가 되었던 것으로 보인다. 미리내소프트웨어의 정재성 사장은 이에 대해 다음과 같이 말한다.

엔지니어의 고집이라고 봅니다. 엔지니어는 사용자의 요구를 만족시키기보다는 엔지니어 본인이 만들고 싶어하는 것을 만듭니다. 미리내 만의 문제가 아니지요 … 중략 … 초기의 게임 개발자는 게임을 정말 좋아하는 사람들이었습니다. 아무리 그래픽 시장에 온다고 해도 엔지니어들은 그런 것에 관심을 가지지 않았던 것입니다. 엔지니어들은 사용자가 자신의 고용을 보장한다는 것을 깨닫지 못하고 있다 보니 엔지니어는 자기가 만들고 싶은 것을 만들게 되는 것입니다.[27]

교육수준의 문제일 수도 있다. 앞서 언급한 바와 같이 초기 PC 게임 개발자들은 게임 개발 혹은 관련 기술에 대한 정규교육을 받았다기보다 게임에 대한 개인적인 흥미로 독자적으로 게임을 개발한 경우가 많았다. 이러한 상황에서 인터넷이라는 새로운 환경, 새로운 기술이 대학을 중심으로 국내에 전파되기 시작했다. 머그 게임 개발에 필수적인 네트워크 기술은 당시로서는 생소한 개념이었고, 상대적으로 교육 수준이 높은 KAIST, 서울대학교 등에서 이를 먼저 받아들여 게임을 개발하기 시작했다. 뒤늦게 관련 기술을 습득한 PC 게임업체는 시기적으로 경쟁력을 잃었을 수 있다.

PC 게임업체들이 비록 온라인게임분야로의 성공적인 진출은 이루지는 못하였지만, 1990년대 중반 활동했던 PC 게임 개발자들은 온라인게임업체에서 그 명맥을 이어오고 있다. 대표적인 예가 웹젠(대표 이수영)이다. 이수영 사장을 비롯한 웹젠의 주요 인력이 바로 미리내소프트웨어 출신이다.

27) 이 인터뷰는 2004년 8월 20일 미리내 본사에서 오후 5시 30분부터 2시간 동안 미리내 대표인 정재성 씨를 대상으로 실시하였다. 위정현, 정해광, 심명화가 인터뷰어로 참여하였다.

# 4 결론-1990년대 중반의 한국 온라인게임시장

## 1) 1990년대 중반의 한국 온라인게임시장 현황

### (1) 머드 게임과 모뎀 게임

1994년 머드 게임의 상용화부터 1996년 최초의 머그 게임인 '바람의 나라' 가 등장할 때까지 한국 온라인게임은 크게 두 가지 흐름으로 전개되고 있었다. 그 하나는 '단군의 땅', '쥬라기 공원' 으로 이어지는 머드 게임이었고 다른 하나는 당구 게임, 자동차 경주와 같은 모뎀 게임이다. 두 가지 유형의 게임 모두 PC 통신을 통해 서비스되는 온라인게임이지만, 머드 게임이 텍스트 위주로 게임이 서버에서 실행되는 반면, 모뎀 게임은 게임 진행상황만 서버로 전송되고 그래픽과 동작 등은 사용자의 PC에서 실행되는 차이가 있었다. 또한 머드 게임은 수십 명에서 많게는 수백 명이 동시에 참여할 수 있는 커뮤니티 게임의 성격이 짙었고, 모뎀 게임은 소수의 사용자가 자동차 경주를 한다거나 격투를 벌이는 등 기존 PC 게임과 비슷한 형태의 게임이었다.

게임 자체만으로 볼 때 텍스트 기반이었던 머드 게임은 1990년대 후반 그래픽 기반의 머그 게임과 커뮤니티 게임이라는 점에서 그 맥락을 같이 한다. 머드 게임은 온라인게임의 가장 큰 특징인 '커뮤니티' 개념을 만들어낸 최초의 게임으로, 이후에 '바람의 나라' 를 비롯한 그래픽 머그 게임, '리니지' 와 같은 RPG(Role Playing Game)로 발전하게 된다.

또한 모뎀 게임은 PC 게임이 온라인 상으로 옮겨오는 중간과정에 있는 게임으로 볼 수 있다. 당시 머드 게임과 같이 큰 반향을 불러오지는 못했지만 기존 PC 게임, 아케이드 게임의 사용자들을 온라인게임으로 흡수하며 꾸준한 인기를 얻었다. 또한 이러한 모뎀 게임은 '한게임' 등과 같은 웹보드 게임의 시초라고 볼 수 있다.

### (2) 1990년대 중반 온라인게임 현황

1990년대 중반 당시 온라인게임은 많은 사용자의 인기를 끌었다. 앞 절에서 살펴본 바와 같이 특히 머드 게임의 경우에는 '머드 중독' 이라는 현상이 생겨날 만큼 사용자들의 폭발적인 지지를 얻으며 매니아층을 형성했다. 1994년 11월 동아일보에 따르면 삼정데이터시스템의 '쥬라기 공원' 은 하루 접속건수가 2만 건을 넘어서며 같은 해 7월 게임 서비스가 시작된 이후 매달 2,000만 원의 정보이용료 수입을 올렸다고 한다. 이와 같은 현상은 다음 해에도 계속 이어져 1995년에는 8월 국내 PC 통신업체에서 서비스하는 온라인게임의 이용요금이 한 달 평균 2억 원 선에 이르렀다.[28)]

### (3) 국내외 PC 통신과 온라인게임

이렇게 온라인게임이 사용자의 인기를 끌자 PC 통신 사업자들은 가입자를 확보하기 위한 주요 수단으로 온라인게임을 활용하기 시작했다. 하이텔, 데이콤, 나우누리 등의 PC 통신 사업자들은 앞다투어 온라인게임을 제공하였다. 이와 같은 현상은 국내에만 국한된 것이 아니었다. 1994년 이미 미국의 경우 컴퓨서브, 프로디지 등 주요 통신서비스 업체들이 약 20~30여 개의 게임을 제공하고 있었으며, 이들 통신업체들은 마이크로프로즈, 액티비전 등 게임 전문업체들과 제휴하여 새로운 게임개발을 진행하고 있었다. 일본의 경우도 예외는 아니었다. 주요 통신서비스업체인 니프티서브는 '에어워리어' 가 수천 명의 고정이용자를 확보한 상태였고 게임전문업체 닌텐도는 자사가 보유하고 있는 모든 비디오 게임을 위성을 통해 가정에 공급하는 사업을 추진하였다. 또 다른 게임전문업체인 세가도 ISDN을 이용해 다수의 이용자가 참가해 자동차 경주 등의 게임을 할 수 있는 사업을 추진하였다. 이와 같이 1990년대 중반은 전세계적으로 PC 통신의 보급이 확대되면서 온라인게임산업에 대한 관심이 집중되는 시기였다.[29)]

---

28) "PC 통신 중독증 확산," 조선일보, 1995년 8월 18일 기사.

29) "1천 명까지 동시참가 가능/PC 통신 온라인게임 국내 서비스," 국민일보, 1994년 7월 24일

### 2) 1990년대 중반의 한국 온라인게임 업체 상황

#### (1) 머드 게임 업체의 수익 구조 악화 – PC 통신 사업자와의 관계

1990년대 중반의 대표적 머드 게임업체였던 삼정데이터시스템과 마리텔레콤은 '쥬라기 공원'과 '단군의 땅'이 성공한 이후 새로운 국면에 접어들게 된다. 머드 게임을 통해 벌어들이는 정보이용료가 엄청났음에도 불구하고 이들 회사의 수익구조가 점차 악화되었던 것이다. 가장 큰 원인은 당시 PC 통신업체와의 수익배분 문제에서 찾을 수 있다. 온라인게임 상용화 초기에는 게임 개발 업체와 PC 통신업체가 거의 5 대 5로 수익배분을 했다. 그러나 게임이 인기를 많이 얻고 정보이용료를 통해 상당한 매출을 올리게 되자, PC 통신업체 측에서 수익배분 구조에 대한 재협상을 요구한 것이다. 이러한 상황에서 온라인게임 개발업체들은 열악한 환경에 놓이게 되고 더 이상 온라인게임으로는 수익 증가를 가져올 수 없게 된다.

#### (2) 머드 게임 업체 – 삼정데이터시스템

점차 악화되어 가는 경영 환경 속에서 머드 게임 업체들은 새로운 변신을 도모하였다. 앞서 살펴본 바와 같이 삼정데이터시스템(현 삼정데이터서비스)은 '쥬라기 공원1' 이후 '쥬라기 공원2', '쥬라기 공원3'까지 서비스를 확대했지만 PC 통신 사업자와의 불리한 수익배분 문제로 수익을 얻지 못하고 사업 자체를 포기하게 된다. 초기에 삼정데이터시스템과 PC 통신업체의 수익 배분이 8 대 2 정도이었던 것이 2 대 8 수준으로 악화되었던 것이다. 이러한 상황에서 삼정데이터시스템은 머드 게임 서비스를 더 이상 지속할 수 없었다.

삼정데이터시스템은 머드 게임 서비스를 중단하면서 게임 개발 자체를 포

---

기사

"온라인 PC 게임 나온다/통신망 통해 여러 사람과 함께 즐겨," 조선일보, 1994년 6월 23일 기사.

기한다. 머드 게임으로는 수익을 낼 수 없는 상황이었고, 머그 게임을 개발하기에는 아직 그에 걸맞는 시장 기반이 마련되지 못하였다고 판단하였기 때문이다. 즉 당시의 컴퓨터 사양, 네트워크 환경에 비추어 볼 때 머그 게임의 개발은 너무 이르다고 생각한 것이다. 대신 삼정데이터시스템은 당분간 모뎀을 이용한 통신환경이 지속될 것이라고 예측 아래 ISP 사업자로 전환을 시도한다. 그리고 2~3년이 지난 다음 본격적으로 초고속통신망이 보급되기 시작하면서 다시 그래픽 게임을 개발하려고 하였지만, 그래픽 머그 게임을 개발할 수 있는 인력을 확보할 수가 없었고 결국 게임 개발을 포기하게 된다.

이상에서 살펴본 바와 같이, '쥬라기 공원'을 성공시키며 대표적인 머드 게임 개발 업체로 성장하던 삼정데이터시스템이 1990년대 후반에 이르러 쇠퇴하게 된 주된 원인은 '미래에 대한 예측 실패'에서 찾을 수 있다. 가까운 시간 내에 초고속통신망이 급속히 보급되고, PC 방 등의 인프라를 통해 머그 게임 시장의 가능성이 열릴 것이라는 예측을 하지 못한 것이다. 물론 이는 사후적인 평가이다. 하지만 1990년대 중반, 이미 정부의 초고속통신망 사업이 체계적으로 추진되고 있었고 PC 방이 확산되기 시작했다는 점을 감안한다면, 삼정데이터시스템의 판단 착오를 부정할 수는 없을 것이다.

### (3) 머드 게임 업체 - 마리텔레콤

한편, 마리텔레콤은 해외시장으로 눈을 돌렸다. 그러나 그 과정 속에서 우리나라 시장의 가능성을 과소평가하는 실수를 하게 되었다. 당시 마리텔레콤은 PC 방의 사업성을 인식하고 있었음에도 불구하고 해외시장 개척에만 주력했다. 또한 ADSL의 보급을 미쳐 예견하지 못했다. ADSL의 등장을 예상하지 못했다는 사실은 곧 머그의 가능성을 낮게 평가하게 되고, 텍스트 머드의 시장을 실제보다 크게 본다는 것을 의미한다. 그래서 자연히 마리텔레콤의 3D 기반의 게임 출시가 늦어지게 되었다. '바람의 나라', '리니지' 등이 이미 서비스를 시작하고 있는 시점에서 마리텔레콤은 '아크메이지'의 후속버전으로 모뎀 사용자 기반인 '아크스페이스'를 보급하고자 하였다. 그러나 이 '아크스페이스'는 핵심인력 유출과 인력관리 부실로 개발이 1년여

지연되면서 품질이 뛰어남에도 불구하고 3D 게임시장을 선점하지 못하고 뒤로 밀려나게 되었다.

그리고 마리텔레콤은 국내 시장의 경쟁자들을 경쟁자로 인식하지 않고 후배로 생각했다. 미국 시장에 한국의 콘텐츠를 내보내자는 생각만 하고 있는 동안 우리나라에서는 세계 그 어떤 나라와 비교해도 손색이 없는 온라인게임시장이 형성되고 있었고, 후배로만 생각했던 넥슨이나 엔씨 소프트는 마리텔레콤에 비교할 수 없이 성장하고 있었다.

이처럼 PC 방의 확산과 ADSL의 보급, 경쟁자의 성장 등에서 마리텔레콤은 충분한 가능성이 있는 환경요인에 대한 분석이 부족했다고 할 수 있다. 환경이 급격하게 변했고 그것을 보지 못했다는 사실만으로 그들은 면죄부를 받을 수 없었다.

고객 측면에서도 마찬가지였다. 또한 우리나라 유저들의 성향은 그 어느 나라보다 섬세하다. 단군의 땅 유저들의 상당수가 '아크메이지' 로 갔다가 결국에는 '스타크래프트' 나 '리니지' 등으로 돌아섰다는 사실을 그들은 잘 인식하지 못했다. 고객들이 무엇을 원하는지, 어떤 수준의 그래픽과 스토리 라인을 원하는지 그들은 분명한 분석 없이 따뜻한 머드 게임을 만든다는 사실에만 집중했다.

그리고 마지막으로 '아크스페이스' 의 개발이 늦어졌던 이유에서도 알 수 있듯이 사업이 커짐에 따라서 그에 상응하는 인력관리가 필요했지만 그에 따른 노력이 부족했다. 마리텔레콤은 직장이라기보다는 하나의 공동체였다. 사업이 진행되면서 분명한 선을 그을 필요가 있었음에도 불구하고 마리텔레콤의 장인경 사장은 끝까지 사장보다는 후원자 입장을 고수하였고, 벤처형 기업조직구조에서 그 이후의 조직 구조 개편에 관심을 기울이지 않았다. 그리고 이러한 엔지니어적인 접근의 인력관리는 결국에는 우수한 인력의 유출을 야기시키는 결과를 초래하였다.

### (4) 모뎀 게임 업체

그렇다면 주로 모뎀 게임을 개발하던 업체들은 당시 어떠한 상황에 있었을까. 대표적인 예로 미리내소프트웨어를 들 수 있다. 미리내소프트웨어는 1987년 PC 게임인 '그날이 오면'을 제작한 이후 10만 여 개를 판매하는 등 당시 대표적인 PC 게임 업체였다. 1990년대 중반 통신용 에뮬레이터를 개발하고 '파이터', '자동차 경주' 등의 모뎀 게임을 나우누리를 통해 서비스하며 온라인게임에 관심을 보이고 있었던 미리내소프트웨어는 그 당시 그래픽 게임의 가능성에 주목하며 오늘날 머그 게임과 같은 형태의 게임을 개발하고자 하였다. 그러나 PC 게임업체로 성장해 오던 미리내소프트웨어는 온라인게임 개발에 필수적인 요소인 통신망 등에 대한 이해가 부족했고 이로 인해 성공하지 못하였다. 앞서 언급한 바와 같이 미리내소프트웨어에서 서비스하던 모뎀 게임은 현재 '한게임'과 같은 웹보드 게임의 시초라고 볼 수 있다. 이러한 점을 감안할 때, 당시 미리내소프트웨어로서는 생소한 분야였던(혹은 뒤쳐진 분야였던) 커뮤니티형 머그 게임을 개발하기 보다, 그들이 잘 알고 있던 모뎀 게임에 주력하여 인터넷으로 서비스하였다면 더 좋은 성과를 낼 수 있었을 것이다.

### 3) 1990년대 후반 머그 게임 업체로의 전환에 실패한 원인

1990년대 후반 '바람의 나라', '리니지'를 시작으로 한국 온라인게임산업은 엄청난 성장을 이루게 된다. 그러나 1990년대 중반 온라인게임을 주도하던 머드 게임업체나 모뎀 게임업체, 그리고 그 이전부터 게임시장에 참여해 온 PC 게임업체들은 대부분 이러한 흐름에 동참하지 못하고 쇠퇴하였다. 그 원인은 다음의 세 가지로 설명될 수 있다.

첫째, 그래픽 기반의 게임이 시장에서 성공하기에는 아직 시기상조라고 생각하였다. PC 방, 초고속통신망 등 관련 인프라의 급속한 발달을 예상하지 못하였던 것이다. 이러한 판단 오류로 인해 삼정데이터시스템과 같은 회사는 ISP사업을 시작하였고 마리텔레콤은 기존 머드 게임 시장의 확대에만 주력하였다.

둘째, 경영자가 그래픽 게임의 시장성을 예측했다고 해도 실제 게임 개발자들이 그래픽 게임 개발에 관심을 기울이지 않았다. 이것은 당시 게임 개발자들의 성향에서 비롯된 것이다. 처음 온라인게임을 만들었던 개발자들은 게임을 열광적으로 좋아하는 매니아 계층이었고, 이들은 사업성보다는 자신의 선호에 따라 게임을 만들었다. 즉 아무리 그래픽 게임이 시장성이 있다고 하더라도 자신이 머드 게임이나 PC 게임을 좋아한다면 그것을 계속 제작한 것이다.

셋째, PC 게임 개발 회사의 경우 온라인게임 개발을 위한 새로운 기술(서버, 통신 기술 등)에 대한 이해가 부족했다. 즉 온라인게임을 개발하고 관리할 수 있는 능력을 갖춘 인력이 부족했다고 볼 수 있다. 온라인게임은 기존의 PC 게임과 달리 네트워크, 통신 기술에 대한 지식을 요구한다. 따라서 PC 게임을 개발하던 업체로서는 온라인 환경을 이해하고 관련 기술을 적극적으로 주도할 수 있는 인력 확보에 어려움이 있었던 것으로 보인다. 1990년대 중반 대표적인 머드 게임이 대부분 KAIST 등 대학교를 중심으로 제작되었다는 사실을 보더라도, 당시 네트워크 환경을 먼저 접하고 기술을 이끌어나가던 소수에 의해 온라인게임이 제작되었다는 것을 알 수 있다.

제 IV 장

# 머그 게임

## 1 머그 게임 소개

### 1) 머그 게임의 정의

머그(MUG: Multi User Game)는 텍스트뿐만 아니라 그래픽까지 포함하지만 일반적으로 그래픽 형태의 머드 게임을 일컫는다. 그래픽 기반의 멀티유저 게임(MUG: Graphic Based Multi User Game)이라고도 불리는 머그는 문자를 기반으로 하는 머드와는 달리 그래픽과 특정 시나리오를 가지고 네트워크 상에서 진행된다. 머드의 경우, 여러 명이 같은 공간에서 마음대로 활동할 수 있는 반면 머그는 정해진 시나리오 안에서 함께 활동하거나 전투를 벌인다. 즉 머그는 게임에서 정해진 고정된 캐릭터로 게임을 진행하게 된다.

따라서 머그를 만들기 위해서는 사전에 완벽히 다듬어진 엔진과 시나리오를 갖추고 있어야 한다. 일반 게임과 달리 온라인게임의 엔진과 시나리오는 실제 필드에서는 효과적인 튜닝(tuning)이 이루어지지 않는다.

또한 화면의 움직임과 액션 등을 어떤 방식으로 구현할 것인가라는 문제도 있다. 1994년 전세계에서 큰 인기를 얻었던 둠(DOOM)과 같은 형태의 풀 모션(Full Motion) 방식이 우선적으로 검토될 수 있지만 이 방법으로는 한 번에 많은 양의 데이터를 전송해야 한다는 한계가 있다. 특히 우리나라에서 처음 머그 게임이 소개되던 1996년에는 이러한 풀 모션 방식으로 머그 게임을 구현하기에는 초고속통신망의 구축이 미비한 상태였다.

그래서 우리나라에서 그래픽 머드는 클라이언트/서버 방식을 사용하였다. 클라이언트/서버 방식은 컴퓨터 간의 네트워킹이 이루어지면서 어떤 컴퓨터가 다른 컴퓨터에 접속하여 필요한 정보를 얻거나, 필요한 작업(게임 등)을 할 수 있게 되면서 나타난 개념이다. 접속의 주체가 되는 컴퓨터나 소프트웨어를 클라이언트라고 부르고, 각 클라이언트들이 접속하는 객체 컴퓨터나 소프트웨어 서버이다. 다시 말해 클라이언트는 자료를 요구하며 서버는 자료를 보관하고 제공한다. 여기서 구분해야 할 것은 한 번 서버에 접근하여 각 클라이언트에서 보여지는 정보들은 더 이상 서버의 내용은 아니라는 것이다. 이 때는 이미 클라이언트와 서버는 연결이 끊어진 상태이다. 각 클라이언트가 자료를 요청하는 순간과 서버가 자료를 보내주는 순간이 지나면 클라이언트와 서버는 더 이상 연결된 상태가 아니다. 이러한 클라이언트/서버를 이용하면 한 번에 많은 사용자가 서버를 이용할 때에도 통신에 큰 무리가 없고, 많은 양의 데이터를 한 번에 전송하지 않아도 된다는 장점이 있다. 따라서 머그 게임의 경우 전용 통신에뮬레이터를 전송받으면 사용자의 PC에서 머그 게임을 큰 무리 없이 실행할 수 있게 된다. 예를 들어 넥슨의 '바람의 나라' 와 더불어 우리나라 머그 게임을 개척한 에스티랩의 '엔트로피아' 는 전체 831개 장면 컷과 30곡의 배경음악을 다운받으면(클라이언트 – 전용 통신에뮬레이터) 서버와의 접속을 통해서 36개의 기본 명령어와 그 조합으로 감정표현이나 행동의 폭을 넓혀 나갈 수 있다.

### 2) 머그 게임의 종류

머그 게임은 온라인게임시장에서는 유저의 잠재적인 수요를 끌어내기 위해, 다양한 장르의 개척을 둘러싼 경쟁을 펼치고 있다. 일반적으로 MMORPG로 대표되는 RPG, 카드게임이나 보드게임을 웹에서 하는 웹보드 게임, 마지막으로 모든 사람들이 쉽게 즐길 수 있는 캐주얼 게임을 들 수 있다.

#### (1) RPG

역할 수행 게임이라고도 불리는 RPG(Role Playing Game)는 게이머가 주어진 하나의 역할을 맡아 그 역할에 주어진 임무나 목적을 달성해 나가는 게임으로 게이머에 따라서 다양하게 게임이 진행된다. 다만 온라인에서 진행된다는 특성 상 수천, 수만 명의 게이머들이 가상의 공간에 모여서 같이 또는 서로 경쟁하면서 주어진 임무나 목적을 달성한다.

여기에서 MMORPG(Massively Multi-player Online Role Playing Game) 개념을 생각해 볼 수 있다. 무척 많은 사용자가 플레이할 수 있는 온라인 RPG인 MMORPG는 이전의 한 명 혹은 몇 명의 사용자들이 모여서 하는 이전의 RPG와 달리 인터넷이 발달하면서 많은 사람들이 즐길 수 있는 온라인 게임이다.

현재 제공되고 있는 대부분의 온라인 RPG는 MMORPG라고 할 수 있으며 온라인게임 최대의 회원수(등록 ID 약 2,300만 명, 실인수 900만 명)를 자랑하는 엔씨 소프트의 '리니지' 는 대표적인 MMORPG이다.

온라인 RPG의 경우 유저가 실증을 내지 않도록 게임 내용을 자주 버전업시키는 것이 필수적이다. 즉, 기존 유저가 게임에 싫증나지 않도록 하기 위해, 또한 신규 유저를 게임에 끌어 들이기 위해 끊임없이 참신한 내용으로 갱신할 필요가 있다. 예를 들어 엔씨 소프트도 기본적으로 매일 조금씩 내용을 갱신하고 있으며 3개월에 한 번 정도는 대폭적인 버전업을 하고 있다. '리니지' 는 처음에는 작은 섬의 에피소드1로부터 시작되었지만, 점점 그 세

계와 에피소드가 늘어나 현재, 에피소드는 15를 넘는다.[1)]

따라서 온라인 RPG를 개발하기 위해서는 최소 몇 억 원에서 몇 백억 원에 이르는 금액을 투입해 1년 이상의 개발 기간이 필요하다. 예를 들어 엔씨 소프트의 '리니지' 버전업을 위해서만 70~80명의 인원이 투입되고 있는데 이 중 기획이 2~3명, 프로그래머가 12~15명, 그래픽 디자이너 및 사운드 디자이너가 50~60명으로 되어 있다.

온라인 RPG는 기본적으로 정량제 혹은 정액제를 실시하고 있다. 즉, 온라인 RPG은 유저가 늘어나면 자동적으로 수익도 늘어나는 방식이다. 따라서 각 게임 개발사들은 어떻게 게임 유저를 늘리느냐가 사업 성공의 열쇠이다. 유저층은 10~30대 전반이 중심이며 남성이 8할 정도를 차지하고 있다.

### (2) 웹보드 게임

웹보드 게임은 인터넷에 접속해 PC 화면에 하나의 보드를 만들어 놓고 진행하는 방식의 게임을 말한다. 카드 게임이나 포커 게임 등과 같이 비교적 단순한 보드나 카드 게임을 웹에서 제공하는 것이다. 오랜 시간 하나의 게임만을 하는 헤비 유저보다는 대규모 대중시장인 라이트 유저층이 주요 타겟이다. 대표적인 웹보드 게임 제공업체인 NHN의 경우 남녀는 동율로, 60%가 젊은층이다.

웹보드 게임은 용량이 작고 비교적 간단한 게임이기 때문에 제작도 그다지 어렵지 않다. 보통 라이트 게임의 개발에는 디자이너 1명, 프로그래머 2명이 필요하며, 이 중 디자인은 한 사람이 여러 개의 게임을 맡기도 한다. 한편 게임 개발 툴은 라이브러리라 불리는 모듈을 사용하므로 새로운 게임을 만드는 것은 비교적 간단하다고 한다.

웹보드 게임의 유저는 인터넷에 접속하고 각 게임 제공 업체의 웹사이트에 들어가 3~5MB의 타이틀별 클라이언트를 다운로드 받는다. 그리고 사이트 내에 다수 개설되어 있는 게임 룸에 들어가서 게임을 한다.

---

1) "온라인게임, '겨울 大戰' 무장," 머니투데이, 2004년 12월 28일 기사.

NHN의 김범수 사장의 인터뷰를 들어보면 웹보드 게임은 이전 머그 게임의 주류를 이루던 RPG와 다른 비즈니스 모델을 지닌 것을 알 수 있다.

> 엔씨 소프트 등에 의한 온라인 RPG의 비즈니스 모델은 영화산업과 비슷하다고 할 수 있을지 모르겠습니다. 서비스에 요금을 부과하고 게임 프로젝트 베이스로 투자자금의 회수를 꾀하기 때문이죠. 그러나 '한게임'의 비즈니스는 이것과는 크게 다릅니다. '한게임'은 웹게임이 중심으로, 유저가 네트(net)에 접속하여, 브라우저로 사이트에 억세스(access)하고 다시 사이트내의 개별 게임 룸에 들어가서 10~20분 정도 놀다 나옵니다.[2)]

실제로 대부분의 웹보드 게임의 수익은 부가적인 유료 서비스와 아바타 아이템의 판매로부터 얻어진다. 예를 들면, '한게임'의 '고스톱'의 경우 플레이 회수가 500회를 초과하면 그 이후로는 1일 5회까지밖에 플레이할 수 없다는 제한이 있다. 이 제한을 해제하기 위해서는 충전이라고 하는 아바타 아이템을 구입해서 사용하든지 아니면 1개월간 유효한 부가서비스 권리를 구입하지 않으면 안 된다. 고스톱의 등록회원 400만 명 가운데, 부가적 서비스 권리를 구입한 유저는 20만 명, 충전을 구입한 유저는 40~50만 명으로 추정되고 있다. 그 외에도 다양한 부가적 서비스가 유료로 제공되고 있으며 그 내용은 한게임이 유저의 요청을 받아들여, 점차로 추가해 온 것이다. 또한 사이트 내에서는 유저는 아바타를 갖고 있어서, 아바타 아이템을 구입해서 몸치장을 할 수 있다.

### (3) 캐주얼 게임

온라인 RPG 등의 경우 계속 캐릭터 하나를 키워 가면서 기록이 누적되는 반면 캐주얼 게임은 한 게임 한 게임이 간단히 블록으로 나누어져 여가 시간에 잠시 시간을 내서 할 수 있는 가벼운 게임을 말한다. 예를 들어 한때 동시접속

---

2) 이 인터뷰는 2002년 3월 27일, 오후 1시반부터 3시반까지 엔씨 소프트 본사에서 '한게임' 김범수 씨(현 NHN 대표)를 대상으로 이루어졌다. 인터뷰어로 위정현이 참여하였다.

자수 33만 명이라는 기록을 세운 '비앤비'가 대표적인 캐주얼 게임이다.[3)]

캐주얼 게임은 누구나 쉽게 배우고 가볍게 즐길 수 있어서 남녀와 연령대를 가리지 않고 인기를 끌고 있다. 그동안 한국 온라인게임은 몬스터(괴물)를 잡는 MMORPG와 고스톱, 포커류의 웹보드 게임이 시장의 중심을 차지했다. 캐주얼 게임은 지난 2000년 넥슨이 내놓은 '퀴즈퀴즈'와 CCR의 '포트리스 2'로 돌풍을 일으켰고 2004년 다양한 캐주얼 게임이 선을 보이면서 온라인게임 다변화를 이끌고 있다.

만화영화를 보는 듯한 귀엽고 아기자기한 캐릭터와 키보드 몇 개만으로 즐길 수 있도록 한 쉬운 게임조작법 등의 특징을 갖고 있는 캐주얼 게임은 과거보다 게임 유저의 폭을 넓히는 데 큰 공헌을 했다. 캐주얼 게임은 일반적인 게임 유저층으로 인식되는 남성뿐 아니라 여성 게임유저들에게서 많은 사랑을 받았으며 초등학생부터 직장인까지 다양한 연령층을 게임의 세계로 끌어들였다.

예를 들어 2004년 8월에 출시하여 동시접속자수 15만 명을 기록하면서 '리니지', '리니지 2'를 추월하고 8년간 정상을 지켜온 '스타크래프트'와 PC 방 점유율 1위를 놓고 각축을 벌이고 있는 넥슨의 '카트라이더'의 경우는 키보드의 방향키 4개만 움직여도 게임을 즐길 수 있을 정도로 조작법이 단순하다.[4)] 또한 대부분의 캐주얼 게임에 소요되는 시간도 기껏해야 5분에 불과해 언제든지 간편하게 즐길 수 있어서 초·중등학생을 중심으로 인기를 끌고 있다.

## 2 머그 게임 시장의 형성

이번 절에서는 한국의 온라인게임산업, 특히 머그 게임산업의 형성을 촉

3) "캐주얼게임 '급부상'," 게임코리아, 2004년 7월 26일 기사.

4) "이제 온라인게임은 즐겁고 가볍게," 한국경제 2004년 12월 26일 기사.

〈표 Ⅳ-1〉 각 인프라스트럭처적 요인의 등장시기

| 연도 | 인프라스트럭처적 요인 |
|---|---|
| 1996년 | 넥슨의 '바람의 나라(風の王国)' 서비스 개시 |
| 1997년 | 한국정부, 경쟁촉진정책으로 인프라스트럭처 정책 전환<br>하나로 통신 설립(10월) |
| 1998년 | ADSL의 보급 개시<br>스타크래프트의 유행<br>PC방 보급 개시<br>엔씨 소프트의 '바람의 나라(風の王国)' 서비스 개시(9월) |
| 2000년 | 휴대전화에 의한 결제 시스템 등장(7월)<br>아바타 비즈니스 등장(11월) |

진한 인프라스트럭처적 요인을 분석한다. 이 절에서 다루는 인프라스트럭처적 요인에는 다음의 두 가지 특징이 있다. 첫째, 어떤 특정한 주체에 의해 의도적으로 계획되거나 통제된 것이 아니라는 점이다. 〈표 Ⅳ-1〉에 있듯이 각 요인은 별개의 주체에 의해 추진되었으며 등장 시기도 각각 다르다. 둘째, 각 요인과 온라인게임 간에 연쇄작용이 존재한다는 것이다. 즉, 어떤 요인이 온라인게임의 발전을 촉진하게 되면, 그 결과 다른 요인이 요구되는 연쇄적 작용을 말한다.

### 1) 정부 정책

한국에서의 대부분의 산업발전형태를 살펴보면 산업 형성 초기에 정부에서 산업의 발전을 위한 여러 정책을 계획하고 실시하게 된다. 하지만 한국의 온라인게임산업에 있어서 정부정책은 한국 온라인게임산업 발전에 도움을 주지 못했다. 정부의 온라인게임산업에 대한 정책은 이미 온라인게임산업이 발전한 이후에 나타난 것이 대부분이다. 또한 대부분의 정부 정책이 실효성이 없었으며, 정부 정책에 대한 검증 또한 이루어지지 않았다. 다음은 정부가 실시했던 게임산업에 대한 정책을 나타낸다.

본서에서는 온라인게임산업에서 실효성이 있었던 정부의 정책을 크게 두

〈표 Ⅳ-2〉 게임산업 정부 정책 현황

| 추진 정책 | 추진 연도 |
|---|---|
| 음반, 비디오물 및 게임물에 대한 법률 제정/시행 | 1999 |
| 한국 게임산업개발원 설립 | 1999 |
| 영상물 등급위원회 게임물 등급분류 강화 | 2001 |
| 게임산업 분야 병역지정업체 추천 실시 | 2000 |
| 게임산업 분야 벤쳐기업 인증평가 실시 | 2000 |
| 게임산업 분야 국가기술자격 제도 시행 | 2002 |

자료: 『대학민국 게임 백서』(2004).

가지로 규정한다.

먼저 정보통신부의 초고속통신망 정책을 들 수 있다. 초고속통신망 정책은 통신시장에서 경쟁정책을 통해서 복수의 사업자를 시장에 진입시켜 자유로운 시장경쟁원리를 도입하여 소비자들에게 초고속통신망의 선택의 폭을 증가시키고, 저렴한 가격에 초고속 인터넷을 즐길 수 있는 계기가 되었다. 초고속통신망의 보급은 PC 방 증가와 일반 가정의 초고속통신망의 증가를 가져왔다. 이러한 인프라의 발전은 온라인게임이 성장하는 중요한 계기가 되었다.

또한 문화관광부가 시행한 병역특례제도는 온라인게임산업에서 안정적인 인력 공급의 계기를 마련했다. 벤처기업 형태의 온라인게임 개발사의 경우 IT 분야의 우수한 인력의 대부분이 대기업으로 빠져나갔기 때문에 안정적으로 인력을 채용할 수 없었다. 하지만 문화관광부의 병역특례제도는 우수한 인력 공급에 중요한 역할을 했다.

### (1) 초고속통신망 정책(정보통신부)

온라인게임산업에서 초고속통신망 구축은 게임산업의 수준을 한 단계 업그레이드시키는 계기였다. 정보통신부의 통신시장의 규제 완화로 인해서 초고속통신망은 급격하게 발전할 수 있는 토대를 마련하게 된다.

먼저 국가의 통신자원을 효율적으로 활용하고, 공정경쟁 등을 보장하기 위한 사업구조의 조정이 행해진다. 당시 정보통신부 초고속정보통신망 구축 기획단에서 발행한 '초고속 정보통신기반구축 종합추진계획'에 잘 나타나 있다. 초고속정보통신망 구축사업은 정보통신 환경의 변화를 수용할 수 있도록 1995년부터 2015년까지를 3단계로 구분하여 단계별 계획을 수립하여 추진되도록 하였다. 1990년 중반 정부의 인프라 정책 방향에 대해서 정보통신부 서홍석 씨는 다음과 같이 지적했다.

> 1990년대 중반, 즉 1993, 1994년대 정보화입국을 위한 정보통신 정책방안으로 인프라 구축의 필요성을 느끼게 되고, 정부 차원에서 초고속정보통신망 구축 기획단을 결성했습니다. 이것이 1994년도 하반기였습니다. 당시 체신부, 경제기획원, 문화관광부, 총무처, 산공부, 과기부 등 6개 부처 및 전자통신연구원, 전산원, 관련 통신사업자 등 6개 통신관련 기관에서 49명이 참여했습니다.
>
> 1994년 12월 체신부가 정보통신부로 조직 개편되면서 정보통신기능이 체신부에서 정보통신부로 일원화되었습니다. 물론 전체적인 그림은 체신부가 이미 마련한 것이고 이에 따라 초고속 정보통신망 구축기획단이 만들어지고, 그 망구축기획단에서 1995년 3월에 초고속정보통신 종합계획을 만들었습니다. 이에 따라 정보화추진위원회가 구성되고 이것이 1990년대 중반 통신정책의 큰 흐름이라고 볼 수 있습니다.
>
> 당시 계획은 2015년까지 계획이었고, 한 차례 보완이 되면서 2005년까지 계획으로 변경되고, 금년에 광대역통합망(BCN) 구축계획에 의해 또다시 당겨졌습니다. 즉, 당초 계획보다 11년 앞당겨진 것으로 볼 수 있습니다.[5)]

이러한 정부의 통신 인프라 정책은 미국과 일본의 정보고속도로 계획을 벤치마킹한 제도였다. 정부 정책의 기본 방향은 모든 사업부분에 있어서 경쟁의 촉진을 통한 효율성을 제고하여, 공정경쟁을 위한 제도적 장치를 만들며 시장 진입 규제를 완화하게 된다. 또한 기본통신사업부문에서 시장지배

---

5) 이 인터뷰는 2004년 8월 13일 오후 4시 30분부터 6시까지 정보통신부에서 서홍석 씨를 대상으로 실시하였다. 위정현, 정해광, 심명화가 인터뷰어로 참여하였다.

적 지위의 남용으로 인한 부작용을 방지하기 위하여 독점사업자의 사업부문별 분할 또는 회계분리 등의 방안이 강구되었다. 기존 설비보유사업자(기간통신사업자)와 임차사업자(부가통신사업자)로 양분되어 있는 통신시장을 독점부문 사업자와 경쟁부문 사업자로 구분했다. 독점부문 사업자에 대해서는 공정한 서비스를 위해 규제를 강화했으며, 경쟁부문 사업자에 대해서는 대폭적으로 규제를 완화했다. 이러한 규제 완화와 독점 시장 철폐에 대해 정보통신부 서홍석 씨는 다음과 같이 지적한다.

> 여러 가지가 있을 수 있겠지만, 정부가 앞장서서 주도했다는 점을 외국에서는 중요하게 생각합니다. 다른 중요한 요인은 통신시장에 경쟁을 도입했다는 점입니다. KT 독점에서 하나로, 데이콤 등의 등장으로 사업자 간의 경쟁을 통한 인프라 확충이 가능해졌습니다.[6]

대부분의 국가에서는 시장형성 초기부터 망 세분화(Local Loop Unbundling) 제도를 도입하였으나 우리나라의 경우 초기에 설비 경쟁을 도입하고 난 후 성장단계에 접어들어 망 세분화 제도를 도입하였다. 이로 인해 사업자들이 서비스 기반의 경쟁이 아닌 설비 기반의 경쟁을 하게 되었고, 설비투자비용 회수를 위한 공격적 경영을 가능하게 한 요인으로 작용하였다.

이와 같은 초고속인터넷서비스에 대한 진입규제를 제거함으로써 기간통신사업자의 활발한 진입과 이로 인한 시장의 고성장이 가능해졌다. 정부는 서비스 도입 초기에 경쟁을 촉진하기 위해 규제를 최소화하는 것이 효과적이라고 판단하여, 새롭게 등장하는 초고속통신망서비스를 부가통신역무로 분류하였다. 부가서비스로 분류되면서 사업자의 시장 진입이 자유롭게 되었고, 요금 등 영업관련 규제도 전혀 받지 않게 됐다. 즉, 통신시장의 경쟁상황을 서비스경쟁보다는 설비경쟁으로 사업자의 투자를 적극적으로 유도하였다.

6) 정보통신부 서홍석 씨와의 인터뷰에서.

1997년 시내 전화사업자로 출발한 하나로 통신은 사업방향을 못 잡고 있었다. D-WLL 방식 시내 전화를 도입하려 했지만, 많은 전문가들의 우려 속에 회사 내에서도 갈피를 잡지 못했다. 대규모의 국민주로 자본을 확보한 하나로통신이 어느 쪽으로 투자할 것인가는 업계 초미의 관심사였다.

당시 KT, 데이콤, 하나로통신은 케이블 방식이 아닌 전화회선을 이용한 ADSL 방식을 검토중이었으며, 사업시기를 정하지 못한 상태였다. 이 시점에서 KT는 속도면에서 ADSL과 비교가 되지 않는 ISDN을 포기하게 된다.

이러한 상황 속에서 두루넷은 1998년 6월 4만 원 미만이라는 비교적 저렴한 가격에 케이블모뎀을 이용한 인터넷 서비스를 시작했다. 다음으로 하나로통신이 ADSL에 대대적인 투자를 전개하여 1999년 4월 상용서비스를 시작했다. 이후 KT 1999년 6월 ADSL 서비스를 시작하여 초고속통신망 시장에 3개 사업자가 경쟁하는 체제가 구축되게 된다.

이처럼 초고속통신망의 보급을 가능하게 한 요인에는 두 가지가 있다. 첫째, 정부의 경쟁촉진정책이다. 한국 정부는 1997년경에 종래의 통신산업정책을 전환하여 경쟁을 촉진하는 정책을 취했다. 즉 이전의 허가제에서 승인제로 전환하고 통신산업에의 참여를 자유화한 것이다. 종래에 한국에서는 KT 이외의 기업이 통신산업에 참여하는 것이 인정되지 않았지만, 정책전환에 따라, 일정한 자격을 갖춘 기업은 참여가 허용되게 되었다. 이러한 정책의 결과, 1997년 10월에 하나로통신이 설립되었다.[7)]

하나로통신은 설립 당시, 음성통화를 중심으로 한 통신 서비스를 제공하려 했었다. 그러나 머지않아 하나로통신은 음성통화를 둘러싼 KT와의 경쟁이 자못 심각한 일임을 깨닫게 된다. 하나로통신의 고진운 씨는 다음과 같이 말하고 있다.

> KT는 음성통화에서 100년 이상의 역사를 가지고 있습니다. 실제로 사업을 시작해 보니, 음성통화 분야에서는 도저히 KT를 이길 수 없다고 하는 위기감이

---

7) 이 인터뷰는 2001년 6월 25일 오후 2시부터 10시까지 정보통신부에서 박태희 씨를 대상으로 해서 실시하였다. 위정현이 인터뷰어로 참여하였다.

느껴지기 시작했습니다. 그래서 KT와 경쟁해서 이길 수 있는 분야를 필사적으로 찾아봤습니다. 그것이 ADSL이었습니다. 당시는 전화망을 이용한 다이얼(dial) 모뎀으로 인터넷에 접속하고 있었지만, 전화와 인터넷을 동시에 이용하기가 어려운 상황이었습니다. 그래서 전화와 인터넷의 동시이용이 가능한 방법을 찾는 과정에서 초고속 인터넷 통신에 주목하게 된 것입니다. 1998년 4월에 서울, 부산 등 4개 도시에서 정액제 ADSL 서비스를 시작하게 됐습니다.[8)]

하나로통신의 ADSL 서비스는 일반 유저를 대상으로 한 2Mbps가 2만 8,000원(가입자의70%)으로, 다운로드가 많은 금융거래 관련 유저용의 ADSL Pro는 8Mbps, 3만 8,000원(가입자의 30%)의 가격이 책정되었다. 이처럼 저렴한 가격 책정으로 인해 일반 유저의 ADSL 이용이 급격히 늘어나게 되었다.

ADSL 보급을 촉진한 두 번째 요인은 아파트라는 집단주택의 존재이다. 한국에서는 현재 서울 인구의 50% 이상과 전국민의 40% 이상이 집단주택에 살고 있다. 하나의 아파트 단지에 몇 천, 몇 만 가구가 입주하고 있는 경우도 드물지 않다. 이러한 집단주택은 ADSL의 설치 비용(cost)을 대폭 삭감시키는 좋은 조건이 되었다.

한국의 ADSL의 경우, 전화국으로부터 아파트의 지하관리실까지는 광케이블로, 거기서부터는 MDF(Main Distribution Frame)를 경유, 동선(銅線)을 이용해서 각 세대로 나뉘어지는 형태로 되어 있다. 그런데 전화국에서부터 아파트의 지하 관리실까지는 통신회사가 공사비용을 부담하고 있는데, 아파트는 대단지이므로 단독 주택에 설치할 경우와 같은 라스트 원마일(Last Onemile, 對고객 직접 접촉점)의 문제는 발생하지 않는다.[9)] 즉, 집합주택인 덕택에 통신회사는 저렴한 비용으로 ADSL을 설치할 수 있었던 것이다.

---

8) 이 인터뷰는 2001년 6월 25일 오후 2시부터 4시까지 하나로 통신 본사에서 고진운 씨(상무 이사), 윤택현 씨(기술전략팀장), 배동화 씨(전송망실 이사) 3명을 대상으로 해서 실시하였다. 위정현이 인터뷰어로 참여하였다.

9) 라스트 원 마일(최후의 1마일)문제란, 전화국에서 각 유저로 배선이 갈라지는 지점에서 유저까지의 배선공사에 막대한 비용이 들고 좀처럼 공사가 진척되지 않는 상황을 말한다.

〈그림 Ⅳ-1〉 PC 방 수 변화

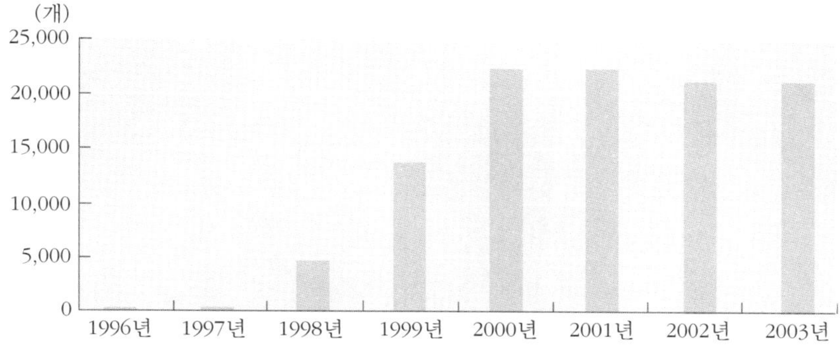


자료: 통계청 홈페이지(http://www.nso.go.kr/)

이러한 한국 초고속통신망 시장의 형성은 새로운 변화를 가져오게 된다. 기존 PC 방 사업자를 통해 회선을 임대하는 방식으로 이루어졌던 초기 PC 방은 초고속통신망의 보급을 통해 급속도로 그 수가 증가하게 된다. 기존에 사용했던 비용에 비해 훨씬 저렴하고 빠른 속도로 인터넷을 사용할 수 있게 되었다.

이러한 초고속통신망의 보급은 두 가지 현상을 낳게 된다. PC 방의 숫자의 증가와 초고속통신망 개인 사용자 증가가 나타나게 된다.

폭발적인 PC 방 보급을 통해 온라인게임은 급속도로 발전하게 된다. PC 방은 온라인게임에 있어서 새로운 학습의 장이었으며, 컴퓨터와 인터넷에 익숙하지 못했던 사용자에게 일종의 훈련을 받는 장소로 이용되게 된다. 또한 PC 방은 게임 개발사들의 안정적인 재정을 지원하는 기능을 했다. 또한 온라인게임 커뮤니티 형성의 원초적 형태를 보이고 있다. PC 방은 함께 플레이하면서 게임을 즐기고, 게임 정보를 교환하며 커뮤니티를 형성하는 기회를 제공했다. 〈그림 Ⅳ-1〉은 PC 방 증가 추이는 이를 뒷받침한다.

일반 가정의 초고속통신망의 보급은 기존에 PC 방에서 즐기던 유저들과 함께 가정에서 쉽게 인터넷을 통해 온라인게임을 즐기게 된다. 초고속통신망이 보급될 당시 인터넷에는 현재와 같이 많은 종류의 콘텐츠가 존재하지 않았다. 이러한 상황 속에서 온라인게임은 인터넷 상에서 사용자들에게 인

〈그림 Ⅳ-2〉 초고속 인터넷 가입자수 변화

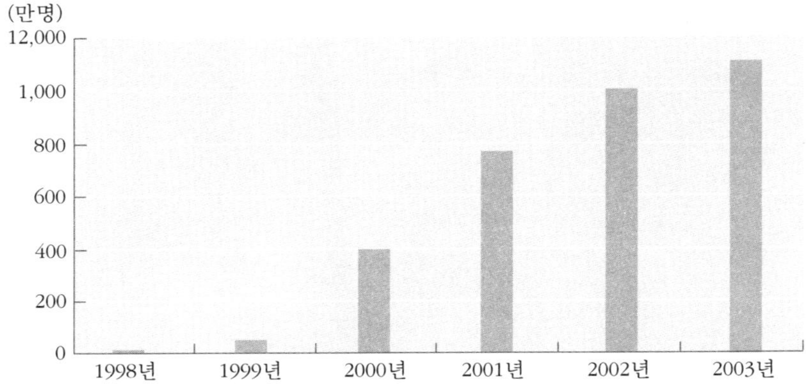


자료: 통계청 홈페이지(http://www.nso.go.kr/)

기 있는 콘텐츠였다. 특히 보드 게임을 서비스했던 '한게임'의 경우는 늘어나는 사용자를 모두 수용할 수 없는 정도였다. 초고속통신망의 보급은 일반 가정에서도 온라인게임을 즐길 수 있는 기회를 제공하였다.

### (2) 병역특례제도(문화관광부)

문화관광부에서는 게임산업 진흥을 위한 법적/제도적 기반을 마련하기 위해서 2000년도부터 게임산업 분야 병역지정업체 추천 실시했다. 본래 병영특례제도는 '1973년 3월 「병역의무특례규제에관한법률」을 제정, 산업 및 국가경쟁력 제고를 위해 만들어졌다. 병역특례제도는 본인의 자율적 의사에 따른 병역대체복무형태로서 군소요를 충원하고 남는 병역자원의 일부를 지정업체에 기술기능인력으로 지원하므로서 국가산업의 육성 발전에 기여하는데 목적이 있으며, 현역병입영대상자는 34개월간 해당기술 직무분야, 공익근무요원소집대상자는 26개월간 제조, 생산분야 또는 원재료 · 제품 · 생산품의 운송분야에서 종사하면 공익근무소집을 마치는 것으로 보는 제도이다.[10)]

---

10) 병무청 내부자료.

〈표 Ⅳ-3〉 게임산업 병역특례 업체 선정 현황[11]

| 구분 | | 신규 | | 기존 | | 합계 | |
|---|---|---|---|---|---|---|---|
| 2000년 | 신청 · 추천업체수 | 101사 | 65% | 18사 | 100% | 119사 | 70% |
| | 선정업체수 (배정인원) | 66사 (102명) | | 18사 (55명) | | 84사 (157명) | |
| 2001년 | 신청(추천)업체수 | 84사 (68사) | 58% | 79사 | 98% | 163사 (147사) | 77% |
| | 선정업체수 (배정인원) | 49사 (49명) | | 78사 (165명) | | 127사 (214명) | |
| 2002년 | 신청 · 추천업체수 | 20사 | 20% | 97사 | 47% | 117사 | 43% |
| | 선정업체수 (배정인원) | 4사 (4명) | | 46사 (47명) | | 50사 (51명) | |
| 2003년 | 신청 · 추천업체수 | 11사 | 27% | 78사 | 24% | 89사 | 25% |
| | 선정업체수 | 3사 | | 18사 | | 21사 | |
| 2004년 | 신청 · 추천업체수 | 11사 | | 56사 | | 67사 | |

이러한 병역특례제도는 1999년 5월 음반 · 비디오물 · 게임물에 관한 법률' 이 발효돼 게임산업에대한 법률적 근거가 명확해진데다 2000년 초 정부가 고시한 한국 표준산업분류 코드에 게임개발 관련업종이 추가되어 이뤄진 것이다.

2000년 이전에는 병역특례제도에서 게임관련분야가 정보처리업으로 불명확하게 구분되어서 병역특례혜택을 보기가 어려웠다. 2000년부터 게임분야에 우수 인력을 유치하고 취업 중인 우수인력의 안정적 근무를 지원하기 위해 병무청과 함께 게임분야 병역지정 업체 선정을 추진하여 다음과 같이 선정했다.

병역특례에 종사하고 있는 대부분의 인력들은 게임회사에서 가장 중요시되는 게임의 제작과 개발에 투입된다. 한국 게임사와 같은 중소기업의 경우

11) 병무청 내부자료.

우수한 인력확보에 어려움을 가지고 있다. 이러한 어려움은 벤처기업 형태로 운영되는 게임사들의 공통적인 고민이다. 이러한 어려움은 병역특례제도를 통해 우수한 인력들을 해당 인력이 병역 의무를 하는 동안 상당 부분 해소할 수 있었다. 병역특례 인원 대부분이 게임 개발 인력으로 한국 온라인게임 개발에 있어서 핵심 인력으로 인식되고 있다.

이전에 병역특례제도를 통해 게임업계에 근무한 대표적인 개발자는 다음과 같다. '리니지'에 이어 '리니지2'로 온라인게임 최강자 입지를 굳힌 김택진 엔씨 소프트 사장은 현대전자에서 병역특례요원으로 근무했다. 또 웹보드 게임 시장에서 양대 산맥을 구축한 김범수 NHN 사장(삼성SDS 근무)과 박진환 네오위즈 사장(인터넥스 근무)도 병역특례 출신이다. 넥슨의 최대주주 김정주 모바일핸즈 사장과 윤석호 CCR 사장도 병역특례요원이었다. 특히, 김정주 모바일핸즈 사장은 해외업체와의 공동연구개발 등으로 1993년부터 2001년까지 무려 8년에 걸쳐 병역근무를 실시했으며 윤석호 CCR 사장은 CCR에서 병역특례요원으로 근무했다. 이외에도 최근 PC 방 무료 마케팅으로 주목받고 있는 김재형 다음게임 사장도 LG종합기술원과 다음커뮤니케이션에서 5년간 병역특례요원으로 군복무를 마쳤다. 온라인게임 '라그나로크'의 개발자인 김학규 IMC게임즈 이사도 서울 용산에 있는 나하나컴퓨터에서 병역특례로 활동했다.

병역특례제도는 한국 온라인게임산업에서 다음과 같은 긍정적 역할을 했다. 먼저 온라인게임 개발사에게는 우수한 인력을 확보할 수 있는 좋은 제도였다. 온라인게임 개발사 대부분이 벤처기업 형태로 이루어졌기 때문에 다른 대기업에 비해 근무환경이나 직원복지에서 많은 혜택을 누리지 못하는 것이 현실이다. 특히 중소 게임 개발사의 경우 사정은 더욱 심각하다. 병역특례제도를 통해 온라인게임 개발사의 경우 우수한 인력을 장기간 고용할 수 있기에 우수한 인력을 고정적으로 확보할 수 있는 장점이 있었다. 또한 병역특례업체 지정은 벤처기업 형태의 온라인게임 개발사에게 대외적으로 기업 이미지 제고에 도움을 줄 수 있었다. 국가에서 인정하는 병역특례업체를 통해서 공신력을 얻을 수 있는 장점이 있기 때문이다. 이러한 사항은 온라인게임 개발 업체인 (주)마상소프트의 강삼석 사장과의 인터뷰에서 확인되었다.

> 우리 같은 중소개발사의 경우 우수한 인력을 구할 수 없습니다. 이러한 병역특례제도는 중소개발사에게 인력을 안정적으로 공급할 수 있는 역할을 합니다. 우리 회사의 경우 병역특례 인원과 일반 직원과의 차별을 두지 않을 예정입니다. 동일하게 대우할 생각입니다. 이렇게 동일하게 대우하지 않으면 조직 내 화합의 문제도 생기고, 병역특례 인원 역시 불만을 가질 수 있기 때문입니다. 또한 병역특례제도는 벤처기업 형태의 중소 게임사의 경우에는 외부 고객으로 공신력을 얻을 수 있는 효과를 가지고 있습니다. 병무청과 문화관광부에서 1차적으로 인정한 회사라는 인식을 심어줄 수 있습니다. 이럴 경우 고객이나 투자자에게 회사의 아주 긍정적인 이미지를 심어줄 수 있기 때문입니다.[12]

또한 병역특례제도는 게임개발자에게도 많은 혜택을 주는 제도였다. 2년여의 기간을 군대에서 자기 적성과 재능에 상관없이 병역 의무를 마치는 것보다 자신의 능력을 발휘하면서 경력을 쌓을 수 있기 때문에 게임개발 인력 또한 혜택을 누리고 있다. 무엇보다도 게임 개발이 고도의 창의성과 최신의 프로그래밍 기술을 요하는 직업이기 때문에 게임 개발자 측면에서도 2년간의 병역 의무는 관련 프로그래밍 기술 습득의 단절을 의미하기 때문이다.

하지만 이러한 병역특례제도는 게임업계 개발자 중 병역특례자의 비중이 높음에도 불구하고, 혜택이 대형 우량업체에만 집중되어 중소게임 업체의 어려움을 가중시키고 있다는 부작용도 나타났다. NHN · 넥슨 · 네오위즈 · 엔씨 소프트 등 이른바 메이저 게임업체들의 경우 적게는 50여 명에서 많게는 100여 명까지 병역특례요원을 채용하고 있는 것으로 나타났다. 게임포털 서비스를 하고 있는 NHN의 경우 전체 개발진 250여 명 가운데 30%가 넘는 100여 명의 병특 요원이 복무하고 있다. 넥슨에 복무 중인 병역특례요

12) 마상소프트 강삼석(사장) 씨와의 인터뷰에서, 이 인터뷰는 2004년 12월 10일 오후 2시부터 2시 30분까지 전화를 통해 이루어졌다.

〈표 Ⅳ-4〉 주요 게임사 병역특례 인원 현황[13)]

| 회사명 | 엔씨 소프트 | NHN | 네오위즈 | 넥슨 |
|---|---|---|---|---|
| 개발진 | 280명 | 250명 | 150명 | 270명 |
| 병역특례 인원 | 50명 | 100명 | 50명 | 100명 |

원 또한 100여 명에 달해 전체 개발진의 28%를 차지하는 것으로 알려지고 있다. 네오위즈도 개발진(약 150명)의 30%(50여 명)가 병역특례 요원이며 엔씨 소프트의 개발진 280여 명 개발진 가운데 50여 명이 병역특례 요원이 차지하고 있다.[14)]

한국게임산업개발원에 따르면 2000년부터 게임 업계에 배정된 현역 병역특례 요원은 총 444명에 불과하다. 게임업계 병역특례 요원을 메이저 게임업체들이 대부분 활용하고 있는 셈이다. 이처럼 병역특례 요원의 근무지가 특정 업체에 몰리고 있는 것은 최근 병역특례제도가 바뀌어 현역 특례요원이라도 한 업체에서 1년 이상 복무하면 다른 지정업체로 옮겨갈 수 있기 때문이다. 또한 보충역 판정을 받은 입영 대상자들의 경우 이미 지정받은 병역특례 인원 외에도 얼마든지 충원 가능하다. 이에 따라 현역이건 보충역이건 할 것 없이 병역특례 요원들은 대우가 좋고 안정적인 NHN이나 넥슨 · 엔씨 소프트와 같은 우량 기업으로 몰리고 있다. 정작 병역특례 요원이 필요한 중소 게임업체들은 병역특례 업체로 지정을 받아도 혜택을 보기 힘들게 된 것이다. 이러한 상황이기에 중소게임 개발사의 경우 병역특례 업체로 지정받는 것도 힘들지만, 우수한 병역특례 요원을 확보하는 것이 더 어려운 상황이다.

위와 같은 제도적인 한계가 존재하지만, 병역특례제도는 온라인게임산업에서 우수한 인재의 안정적인 공급이라는 중요한 역할을 했다.

---

13) 각사 자료.

14) "중소게임업체 병역특례제 그림의 떡," 디지털 타임즈, 2004년 6월 30일 기사.

## 2) 머그 게임과 PC 방, '스타크래프트'

### (1) PC 방이 온라인게임산업 발전에 미친 영향

PC 방은 적게는 10여 대에서 많게는 100여 대까지 PC를 구비하여 인터넷 검색은 물론 여러 사람이 동시에 참여하는 온라인게임 등을 즐길 수 있는 곳이다. 이외에도 문서 작업이나 컴퓨터 출력, 스캐닝 서비스 등 PC로 할 수 있는 작업은 대부분 이용 가능하다. 우리나라에는 1995년 무렵 인터넷 카페 등의 이름으로 첫 선을 보였고, 1998년 초까지는 전국적으로 100여 개에 불과한 공간이었다.

게임 사용자가 전체의 80% 이상을 차지하여 '게임방' 이라고 불리기도 했던 PC 방은 빠르고 편리한 인터넷을 저렴한 비용에 활용 가능하여 많은 고객들을 확보하게 되며, 그 증가세는 1998년 중반을 기점을 큰 폭으로 상승한다. 1997년 말에 77개에 불과했던 PC 방 사업체 수가 1998년 말에 4,700개 가까이 되고 2000년까지 그 증가세를 유지하여 전세계에서 유래가 없는 한국적 인터넷 시설의 기반이 된다.[15)]

1999년 초 PC 방의 연간 사용인구는 100만 명 정도로 추산되었고, 같은 기간 PC 및 네트워크 관련 업계의 시장규모도 연 2,000억 원 이상으로 평가될 정도로 PC 방 업계는 그 산업 규모를 키워나갔다.[16)] 그러면서 PC 방의 확산은 우리나라 온라인게임산업의 형성 및 발전에 큰 영향을 미치게 된다.

#### ① 사이버 커뮤니티

우선 PC 방은 청소년 및 대학생들의 한국적인 문화공간으로 자리잡으며 온라인게임산업의 기반으로 인식되고 있는 사이버 커뮤니티를 가능하게 하였다. 미국이나 일본 젊은이들은 집이라는 폐쇄된 공간에서 콘솔을 통해서 혼자서 게임을 하거나 아니면 통신망에 접속해서 게임을 즐기는 반면, 우리

15) "한 게임하러 갈래?; 인터넷 게임방 열풍," 조선일보, 1999년 4월 7일 기사.

16) "'인터넷 PC 방' 밤을 잊은 클릭25시," 문화일보, 1999년 1월 12일 기사.

〈그림 Ⅳ-3(a)〉 미국의 인터넷 카페 내부 모습 1

〈그림 Ⅳ-3(b)〉 미국의 인터넷 카페 내부 모습 2

나라 청소년들은 친구들과 PC 방에 모여 팀을 짜서 게임을 즐길 수 있게 되었다. 즉, PC 방을 통해서 심리적으로 집단적 폐쇄성과 개인적 안정감을 모두 제공받으면서 다른 나라에서 보기 힘든 커뮤니티를 형성하게 되었다. 이러한 커뮤니티는 '리니지'와 같이 한 번에 수천 명이 모여 사이버 공간에서 게임을 즐기는 사이버 커뮤니티의 초시이기도 하다.

미국과 일본, 프랑스에도 여러 대의 PC를 구비하여 인터넷 검색 등을 할 수 있는 인터넷 카페 형태의 PC 방이 존재한다. 하지만 우리나라의 경우 PC 방이 문화 공간, 놀이 공간으로 인식되고 있는 반면 외국의 경우 PC 방은 정보검색을 하는 공간으로 인식되고 있다. 실제 미국의 있는 PC 방은 게임을 할 수 있는 공간이라기보다는 인터넷 검색, 간단한 식음료를 통한 휴식의 공간으로 자리잡고 있다. 이러한 PC 방에 대한 공간의 개념 차이는 우리나라에서 유독 온라인게임산업이 발전하는 데에 기여하게 된다.

### ② 키보드조작 훈련

하지만 무엇보다도 PC 방은 일반인들의 컴퓨터 교육에 기여한다. 온라인게임, 특히 머그 게임을 하기 위해서는 키보드 등의 컴퓨터 기기들을 능숙하게 다루는 것이 필수적이다. PC 방의 확산은 컴퓨터에 대한 두려움과 거부감을 줄여주었을 뿐만 아니라 키보드 사용법 및 인터넷 사용법을 확실히 훈련시켜 주면서 온라인게임산업이 발전할 수 있는 토대를 마련하였다. PC 방 사업체 사장들의 말을 들어보면 PC 방이 생기고 나서 사용자들의 전체적인 PC 사용 수준이 큰 폭으로 상승했음을 알 수 있다.

> 오명: 어디든 가입하려면 이메일 기록하는 건 다 하니까 핫메일 가입하는 법, 이메일 주소 적는 법, 그런 것들도 가르쳐주고, 좀 심한 경우도 말씀드리면, 확인을 누르라고 하면(마우스로 확인키를 누르는 것이 아니라 손가락으로) 모니터 화면을 직접 누르면서 그런 경우들(도 있었어요.)
>
> 김강노: 컴퓨터라는 게 사실 1998년도 1999년도까지는 나사 조여 컴퓨터만 조립할 줄 알고 O/S만 깔 줄 알면 주위에서 컴퓨터 상당히 잘 하는 사람이었어요. (그런데) PC 방들이 점차 생기고 아르바이트생이 양산이 되고 그들이 서로 모르는 애들 서로 배우고 그러다 보니까 1999년도 지나고 2000년쯤부터는 주위에 컴퓨터 조립하고 O/S 깔고 기타 다른 것까지 하는 사람들이 어떻게 보면 넘쳐나게 되어버린 거였죠.[17)]

---

17) 이 인터뷰는 2004년 9월 2일 목요일, 오후 6시부터 8시까지 중앙대학교에서 PC 방 사업체 사장인 조영철, 김강노, 오명, 류형길을 대상으로 실시하였다. 위정현, 정해광, 김보경이

이들의 증언에 따르면 이용자들은 PC 방에서 기본적인 컴퓨터 사용법에서부터 컴퓨터 조립방법까지 다양한 컴퓨터 관련 지식을 획득할 수 있었고, 이는 머그 게임 전파의 기본 전제 조건인 이용자의 컴퓨터 친숙성을 높여주는 결과를 야기시켰다.

③ 게임 개발사의 안정적 재원 확보

그리고 PC 방이 생겨남으로 인해 게임 개발사들은 안정적인 재정적 지원을 확보하게 된다. 우선 PC 방 업체의 경우 불법복제품 사용 여부가 쉽게 드러나 복제품을 사용하는 경우가 거의 없었다. 예를 들어 마이크로소프트의 '윈도98' 은 거의 100% 정품이 보급되었다.[18] 하지만 무엇보다 IP 과금제 도입이 게임사들의 안정적인 재정 확보에 가장 큰 역할을 한다. IP 과금제는 PC 방 업체가 개별 회사에 일정 금액을 지불하면 일정기간 IP 일정량을 할당받는 과금제도이다. 제공받은 IP에 대해서는 무료로 그 회사 게임을 이용할 수 있다.

류형길: 우리 PC 방 매장 내가 알고 있는 게임 하는 아이들을 우리 인터넷으로 공짜로 하게 해줄게 해서 나온 게 IP 과금제인 것이죠. 바람의 나라가 그래서 그걸 시작했고 … 바람의 나라는 어딜 가면 그냥 (무료로) 할 수 있다더라, '내가 돈을 안 내도' 라는 소문이 돌면서 … 그래서 거기에 혹해서 PC 방에 모여든 게 신촌에 가면 매직플라자와 아이콘이라는, 연세대 앞 그 PC 방들이었고, 한양대 앞에, 그리고 제일 많이 몰렸던 데가 신림동 몇 군데, 그러니까 몇 군데만 했었어요. 그게 IP 과금의 시작이에요.

오명: 앞의 것은 PC 방의 필요에 의해서 개인적으로 맺은 거고, 엔씨 소프트는 전문으로 PC 방에 그 가격을 책정한 것이고요. 그게 다르다는 거죠. 그래서 우리가 말할 때는 IP 과금을 제일 먼저 시작한 업체도 엔씨라고 말하는 거죠, 선두업체가 엔씨라고 … [19]

---

인터뷰어로 참여하였다.

18) "불황에 허덕이던 정보통신업계 게임방이 살려내," 조선일보, 1999년 4월 7일 기사.

19) PC 방 사업체 사장, 조영철, 김강노, 오명, 류형길과의 인터뷰에서.

위의 인터뷰에 나타나 있듯이 초기에는 개인 PC 방 사업체와 온라인게임 개발 회사가 필요에 따라서 1 대 1로 IP 과금제를 맺었다. '바람의 나라' 경우 PC 통신 이용 시에는 분당 22원(부가세 포함)이라는 종량제로 사용자가 요금을 내야 했는데 개별 PC 방은 IP 과금제를 통해서 마케팅 효과를 얻을 수 있었기 때문에 개발 회사와 독자적으로 계약을 맺었다. 이때 PC 방에서 한 달에 19만 8,000원을 내면 무료 IP를 부여받았다. 그러다가 PC 방 사업체 사장 오명 씨의 인터뷰에서도 볼 수 있듯이 엔씨 소프트를 기점으로 게임사들은 PC 방에서 매달 일정 금액을 받게 되었으며 이는 그들이 꾸준히 게임 개발을 하는 밑바탕이 되었다. 실제로 엔씨 소프트의 경우 가장 편중이 심한 경우 전체 매출의 90% 정도를 PC 방에서 얻기도 하였다. 2001년 4사분기(9~12월)의 수입 385억 원 중, 43%가 PC 방(B to B), 4%가 ISP(B to B), 44%가 개인(B to C)으로부터의 수입이었으며, 그 밖에 로열티 수입이 8%였다. 우선 B to B는, 그 대부분이 PC 방에서 나오는 수익으로, IP 단위의 정액요금과 정량제 요금(300시간에 9만 1,000원 등)이다. B to C의 경우는 정액요금(2만 6,000원/1개월, 6만 5,000원/3개월), 정량제요금(3시간, 5시간, 10시간, 30시간), 종량제요금(20원/분)이다.

④ 인프라 구축

뿐만 아니라 PC 방이 전국 각지에 세워지면서 정보화 시대에 가장 잘 된 인프라가 구축된다. 정부가 담당했을 경우에는 10년이 넘게 걸렸을 일을 PC 방을 통해서 불과 1년여 만에 완성하여 세계 그 어느 나라보다도 앞선 정보 인프라를 갖추게 된다. 그리고 이러한 인프라를 바탕으로 우리나라 인터넷 이용인구도 폭발적으로 증가하였고,[20] 어느 누구나 자신이 원하는 순간에 머그 게임을 접할 수 있는 환경을 만들어 주었다.

20) 1999년 11월 말 인터넷 이용인구 682만 명, 1998년 310만 명.
"1999년, 정보통신 '최고의 해'," 한국일보, 1999년 12월 23일.

### (2) 상단에 올 때

① '스타크래프트' 소개

'스타크래프트'는 블리자드사가 만든 전략 시뮬레이션 게임이다. 지구에서 추방된 인간의 후예들이 은하계의 변두리로 흘러가 '테란'이라는 나라를 세우고 외계 종족들과 생존 투쟁을 벌인다는 공상 만화와 같은 이야기지만 박진감 넘치는 화면에 다양한 전략, 전술의 구사가 가능한 게임이다.

'스타크래프트'는 우리나라를 중심으로 전세계적으로 많은 사랑을 받는다. '스타크래프트'가 성공한 이유로 뛰어난 종족 밸런스, 치밀한 베타 테스트, 수려한 인터페이스 등 여러 가지가 있겠지만 무엇보다도 '베틀넷'이란 무료 멀티게임서비스의 제공을 제외할 수 없다. 베틀넷이 존재하기 이전에도 Khan, Kail, Case's ladder과 같은 유료화 멀티게임 서버에서 게이머들이 멀티 게임을 즐기고 있었다. 그리고 이미 유명 게이머들은 그들간의 전설적 존재로 자리잡고 있었다. 이러한 상황에서 무료 멀티게임서비스를 제공하는 베틀넷은 Khan이나 Kail에 따로 사비를 지출하지 않아도 된다는 장점으로 다른 유료 멀티게임 서비스를 이용하고 있던 많은 게이머들을 흡수하였다. 더군다나 베틀넷은 3개월마다 순위를 발표하는 독특한 랭킹시스템으로 게이머들을 흥분시켰고, 자신의 랭킹을 유지하려 그들은 사상 유례없는 게임 시간을 투자할 수밖에 없었다.

'스타크래프트'의 인기는 특히 우리나라에서 대단했다. 1999년 10월 말에 국내 발매 16개월 만에 100만 장 돌파하였고 2004년 '스타크래프트'의 누적 판매량 300만 장을 기록하면서 1998년 출시 이후 7년 간 한국 게임시장 1위를 지키고 있다. 전세계 '스타크래프트' 판매량의 3분의 1을 국내에서 소화하는 기현상이 발생하였고,[21] 전세계 국가들 중 우리나라가 베틀넷 이용률 세계 1위를 기록하기도 했다. 상위 랭킹 10명 중 4~5명은 항상 한국인이라는 말하는 사람들이 있을 정도였으며, 실제로 1999년 4월에는 세계

21) "PC 게임시장 '새로운 재미'가 쏟아진다," 문화일보, 1999년 11월 12일 기사.

〈그림 Ⅳ-4〉 '스타크래프트' 게임화면

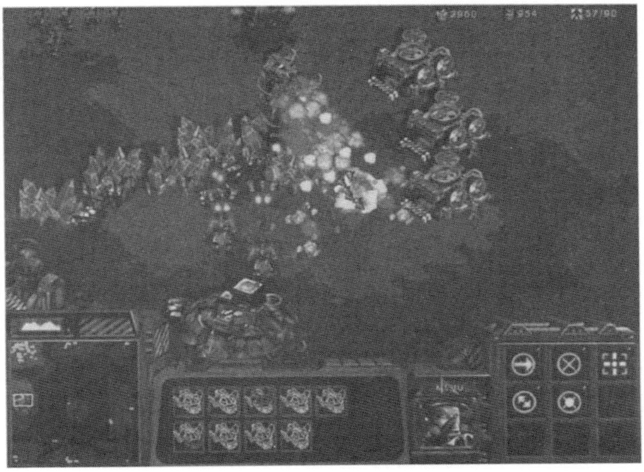

100위 중 61명이 한국인이었다.[22)]

② PC 방과 스타크래프트의 관련성

'스타크래프트'는 1998년 초, 비슷한 시기에 출시된 '토탈 에니힐레이션', '다크 레인'과 비교해서 그다지 뛰어난 면은 많지 않았다. 따라서 출시 초기 적당한 관심 속에서 2만 카피 정도의 판매가 이루어졌을 뿐이었다.

하지만 PC 방과 결합하면서 '스타크래프트'는 성장 엔진을 달게 된다. IMF 직후 생겨나기 시작한 PC 방에서는 PC 방 사업의 확장을 위해서 적당한 게임을 찾게 되었고 다른 게임들에 비해 네트워크 부하도 적고 펜티엄 133MHz에서도 즐길 수 있는 '스타크래프르'가 PC 방에 적합한 모델로 선정되었다. 발표 시기가 미루어지면서 당시에 출시된 다른 게임들보다 낮은 사양에서도 플레이할 수 있었던 점이 장점으로 작용한 것이다.

'스타크래프트'가 인기를 얻으면서 PC 방이 다시 급속한 성장을 하게 되었다. 저속 모뎀을 가지고 있는 가정용 컴퓨터에서는 네트워크 게임의 진수

---

22) "'유해성 논란' 스타크래프트에 잠 못 이루는 학생들," 문화일보, 1999년 4월 8일 기사.

를 맛보기 힘들다. 그래서 베틀넷에서 '스타크래프트'를 즐기기 위한 게임 이용자들이 고속 전용회선을 설치해 놓은 PC 방으로 폭발적으로 몰리게 되었고 스타의 인기가 막 시작되던 1998년을 기점으로 PC 방의 수요가 기하급수적으로 증가하였다(〈그림 Ⅳ-1〉 참조).[23] 이렇게 '스타크래프트'가 젊은이들의 사랑을 받으면서 대학가의 문화가 커피전문점, 당구장에서 PC 방으로 대체되었다.

다만 여기에서 '스타크래프트'는 이번 연구의 주제인 '온라인게임'이 아님을 밝힌다. 베틀넷이라는 멀티게임서비스가 있어 여러 명의 플레이어가 같이 게임을 즐길 수 있게 연결시켜 줄 뿐 수백, 수천 명이 같이 게임을 즐기는 온라인게임과는 그 성격이 다르다. '스타크래프트' 베틀넷에 접속하면 게이머는 최대 8명이 한 게임을 같이 즐길 수 있다. 이처럼 소수의 게이머들이 가상 세계에서 경기를 할 수 있게 해주는 게임을 네트워크 게임이라고 하며 '스타크래프트' 이외에도 '디아블로', '워크래프트' 등이 있다.

한편 PC 방은 누구나 원하는 게임을 최고의 조건에서 연습할 수 있는 인프라 구실을 하면서 '스타크래프트'의 인기를 더욱 가속시킨다. 또한 '스타크래프트'를 하면서 돈을 버는 프로게이머들의 양성소로 또다시 자리매김한다. 프로게이머들은 장소와 시간의 제약에서 벗어서 자신들의 실력을 연마할 수 있게 되었으며 PC 방의 확산과 '스타크래프트'의 견인으로 다음 장에서 소개할 e-스포츠의 디딤돌을 마련하였다.

### (3) 머그 게임과 e-스포츠

#### ① 변하지 않는 스타크래프트의 인기의 비결, e-스포츠

하나의 게임의 수명은 길 경우에도 몇 년을 넘기기 힘들다는 것이 일반적이다. 게임은 다른 콘텐츠 재화처럼 발매 전에 화제를 일으켜 많은 소비자가 구매를 미리 결정하고 발매 시점에 구매가 집중될 가능성이 높다. '파이

23) "'스타크래프트' 年 시장 창출효과 계산/박두용/정통부 · 문화부 입장," 문화일보, 1999년 3월 30일 기사.

〈그림 Ⅳ-5〉 초기집중 매출 유형

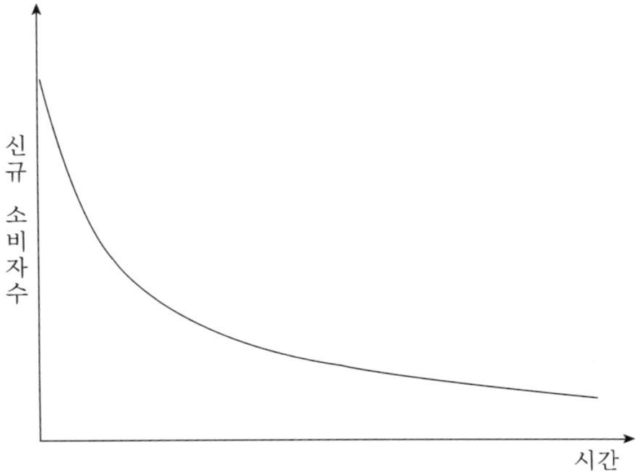


널 판타지 Ⅶ' 이라든지 'DDR(Dance Dance Revoultion)' 등 많은 인기를 끌었던 대부분의 게임들이 〈그림 Ⅳ-5〉와 같은 보급 유형을 보여주고 있다. 그리고 이러한 유형을 따르지 않는 게임들은 발매에 앞서 특별한 광고를 하지 않아 발매 직후에 매출이 집중되기 힘들었던 게임이 대다수이다. 가격이 싸거나 게임 내용이 단순하여 부담이 없을 경우 게이머들 사이에 화제가 되고 매출이 꾸준히 증가하거나 매출 집중이 발매 이후 일정 시간이 지난 다음 집중하는 특이한 매출 유형을 보이게 된다.

하지만 '스타크래프트'는 지금까지 일반적으로 나타나던 다른 보급 유형들과는 많은 차이를 보였다. 발매 직후 폭발적인 판매고를 올려 초기 집중화 현상을 보여주나 했더니 매년 인기가 하락할 것이라는 우려에도 불구하고 지난 7년간 1위의 자리를 계속 지키고 있다.

이러한 '스타크래프트'의 인기 이면에는 e-스포츠가 있다. e-스포츠는 Electronic Sports의 약자로 컴퓨터 가상 공간에서 게임을 하는 경기이다. 1998년 초 PC 방 단골 손님 확보를 위해서 게이머들의 대회를 개최하면서 e-스포츠는 시작되었고 그 이후 비약적으로 발전하였다. '스타크래프트' 도 e-스포츠의 한 종목으로 현재 e-스포츠에서 가장 큰 인기를 얻고 있다.

e-스포츠가 성립되기 위해서는 프로게이머의 등장이 필연적이다. 프로게

〈그림 Ⅳ-6〉 e-스포츠 게임 현장

자료: "요즘 젊은이들은 e-스포츠에 푹~ 빠졌다," 경향신문 2004년 4월 11일 기사

이머는 프로게이머리그에서 얻는 상금만으로 돈을 버는, PC 방 문화가 낳은 직업이다. 1998년 말, 신주영이 블리자드사가 주관한 '스타크래프트' 세계대회에서 우승하면서 처음 선보인 프로게이머라는 직업은 처음 전국적인 인기를 바탕으로 CF 스타로까지 성장했던 쌈장 이기석, '테란의 황제' 라고 불리며 2004년 7월 기준으로 49만 명의 팬클럽 회원을 보유하고 있는 임요한으로 이어지면서 청소년들이 가장 선망하는 직업으로 자리잡았다.[24) ]1999년에는 최초의 프로게임팀 'sg(슬기)' 를 발단하였고 2004년 11개의 프로게임팀이 있었다. e-스포츠가 인기를 얻으면서 세계 최초 게임 방송 관련 사업들도 등장하였다. 세계 최초로 게임리그 '1999 프로게이머 코리아 오픈' 을 중계하였으며, 세계 최초 게임전문채널인 온게임넷이 2000년에 개국하였다. 프로게이머 이외에도 게임관련 게임자키, 게임 해설가, 프로게이머 등 새로운 직업의 등장하였고 컴퓨터 게임관련 학과의 신설과도 연결되었다.

e-스포츠는 오프라인 스포츠를 넘는 인기를 구사한다. 세계 최초의 게임 중계 방송이었던 '1999 프로게이머 코리아 오픈' 은 그해 케이블 TV 최고의

24) "1등 아니면 '꽝' … 프로게이머의 두얼굴," 조선일보, 1999년 12월 15일 기사.

〈그림 Ⅳ-7〉 10만 관중이 모인 '2004 스카이 프로리그' (광안리)

히트 프로그램으로 선정되었고, 매년 게임방송국들은 13~25세 남성들에게 가장 높은 시청률을 보이고 있다. 예를 들어 2003년 한해 13~25세 남성(남자 중등 · 고등 · 대학생)의 전체 케이블 시청률 부분에서 온게임넷은 점유율 10.52%로 87개 케이블 TV 시청률 1위를 차지하였으며 이는 같은 그룹의 지상파 시청률보다 높은 수치였다.[25] 또한 2003년 8월 30일 생방송된 온게임넷의 '스타크래프트' 대회 결승전의 13~25세 남성 대상 시청점유율은 49.4%로 그룹 인구의 절반이 같은 프로그램을 보았다.[26] 관객 동원면에서도 오프라인 어떤 스포츠보다 e-스포츠가 뛰어나다. 2004년 7월 17일, 부산 광안리에서 열린 '스카이 프로리그 2004' 1라운드 결승전에 10만 관중이 모였는데[27] 이는 같은 날 부산에서 열린 프로야구 올스타전 관중 1만 6천명보다 8배에 가까운 관중 수이다.[28]

다시 말해 e-스포츠는 '스타크래프트' 수명을 기대 이상으로 연장시켜주며 발매 7년 후에 10만 관중을 모을 수 있는 원동력이 되었다.

25) "팬회원수 50만 명, 게임을 스포츠로 만든 '스타크' 귀재," 오마이뉴스, 2004년 7월 9일 기사.

26) "온게임넷 시청률 톱10 진입," 디지털타임즈, 2003년 9월 8일 기사.

27) "부산광안리 역대 최대인파," 스포츠조선 2004년 7월 18일 기사.

28) "e-스포츠, 프로야구 올스타전 눌렀다," 경향게임스, 2004년 7월 20일 기사.

② PC 방, '스타크래프트', e-스포츠, 그리고 머그 게임의 관계

PC 방은 세계 어디에서도 찾아보기 힘든 한국만의 인프라로 이 PC 방을 기반으로 온라인게임산업이 발전했다. 그런데 이 PC 방의 확산에는 스타크래프트라는 분명한 스타 플레이어가 있었고 '스타크래프트'는 e-스포츠의 인기를 바탕으로 그 추진력을 얻었다. e-스포츠, '스타크래프트', PC 방, 머그 게임으로 이어지는 한국만의 독특한 사슬은 전세계 어디에서도 찾아보기 힘든 온라인 강국, 한국을 가능하게 하였다.

그러나 e-스포츠는 '스타크래프트' 한 종목에 대한 의존도가 너무 높은 상황이다. PC 방 문화가 낳은 대부분의 신규 직종들은 '스타크래프트' 관련업이 대부분이며 게임관련 방송국에서도 전체 프로그램의 70~80% 이상을 '스타크래프트' 관련 프로그램으로 편성하고 있다. 스타크래프트가 중심이 된 e-스포츠 시장이 너무 커져버린 것이다.

그 반면 '스타크래프트'가 게임 시장에서 차지하는 비중은 줄어들고 있다. 게임전문리서치 사이트인 게임트릭스 조사에서도 나타났듯이 2004년 12월 셋째 주, '스타크래프트'(14.71%)는 '카트라이더'(14.77%)에 이어 2위를 기록하고 있으며 '리니지2' 등이 그 뒤를 잇고 있다.[29] PC 방 사업체의 인터뷰에서도 '스타크래프트' 사용자가 전년에 비해 거의 반 수준으로 준 것 같다는 의견이 있다.[30] PC 방은 국내 게임시장의 젖줄이라고 불릴 정도로 게임시장의 트렌드와 전망을 가장 먼저 읽을 수 있는 곳이다. '스타크래프트'에 대한 회의적 시각이 나오고 있는 곳이 PC 방이라는 사실은 눈여겨 볼 필요가 있다. 그리고 '스타크래프트'에 대한 의존도가 높은 상태에서 '스타크래프트'의 인기가 떨어졌을 경우 e-스포츠 전체가 흔들릴 수 있다.

지금까지 머그 게임은 PC 방라는 인프라의 수혜자였다. 하지만 이러한 입장에서 벗어날 뿐 아니라 e-스포츠의 견고성을 높이기 위해서 온라인 산업이 PC 방, e-스포츠 등의 연결고리 중심으로 접근하려는 움직임이 최근 점

---

29) http://www.gametrics.com/.

30) "스타 쇠락 '빨간불' 켜진 e-스포츠 시장," 아이위클리, 2004년 2월 2일 기사.

차 확대되고 있다. 예를 들어 머그 게임에 대한 관심도를 높이고 e-스포츠의 성격을 띤 여러 행사들이 개최되고 있다. 지난 2004년 7월 17일, 18일, 이틀 동안 그라비티가 서울 코엑스에서 개최한 세계 최초의 단일 온라인게임 대회 '라그나로크 월드 챔피언십(RWC)' 이 그 예이다. 약 10만 명의 관객들이 모였던 RWC는 전세계 온라인게임 '라그나로크' 를 서비스되고 있는 라그나로크 이용자들을 한 자리에 모아 기량을 겨룰 수 있는 장을 제공한다는 취지로 마련한 게임 축제로 세계 21개국에서 1,000여 명의 게이머가 '선수' 로 참가했다. 뿐만 아니라 일본에서 화제를 모았던 '라그나로크 디 애니메이션' 상영을 비롯하여 '코스프레' 전시, 캐릭터 판매 등 '멀티미디어' 로서의 온라인게임의 특성을 살린 다양한 이벤트가 기획되었다.

### 3) 휴대전화에 의한 소액결제 시스템의 등장

온라인게임 보급에 휴대전화를 이용한 소액결제 시스템의 등장도 큰 역할을 한다. 소액결제 시스템은 휴대전화의 요금청구서에 온라인게임 사용요금을 가산해서 유저에게 청구하는 형태이다.

한국의 온라인게임 개발업체는 선결제 카드 결제, 신용 카드 결제, 은행불입 등 다양한 결제수단을 유저에게 제공하고 있다. 그러나 압도적으로 많은 수의 유저가 휴대전화를 이용하여 결제를 행하고 있다.

휴대전화의 결제수수료는 12.5%에서 15%로, 신용카드의 3%에 비하여 매우 높다. 그러나 유저는 편리하다는 이유로 결제방법으로 전화를 택하기 때문에, 게임회사는 휴대전화를 결제수단으로 이용하지 않을 수 없다.

휴대전화를 가지고 있는 유저라면 온라인게임을 하고 싶을 때에는 이 결제 시스템을 이용함으로써 바로 결제가 인증되어, 금방이라도 게임을 시작할 수 있다. 휴대전화는 갖고 있지만 신용카드가 없는 젊은층에게는 특히 편리하다. 현재 온라인게임을 제공하고 있는 엔씨 소프트에서는 70%, JC 엔터테인먼트에서는 80% 정도가 휴대전화로 결제가 이루어지고 있다.

〈그림 Ⅳ-8〉에서 휴대전화를 이용한 결제 시스템의 프로세스를 정리하

〈그림 Ⅳ-8〉 휴대전화를 이용한 결제 시스템

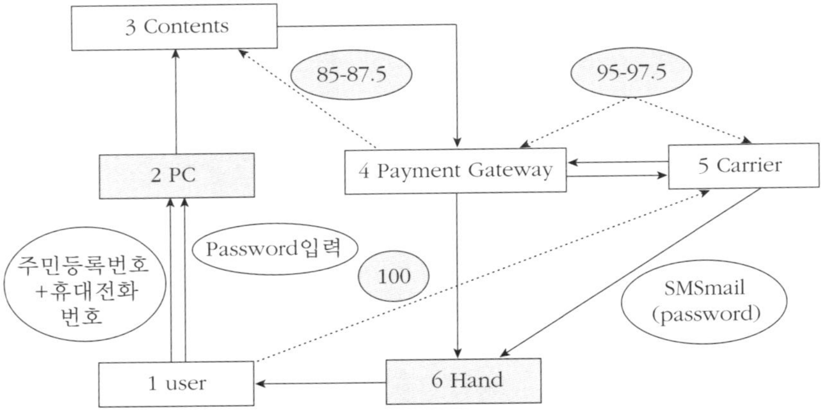


면 다음과 같다.[31)]

① 콘텐츠 프로바이더로부터 콘텐츠를 이용하려고 하는 유저는 우선 퍼스널 컴퓨터의 화면 상에서 주민등록번호와 휴대전화번호를 입력한다.

② 콘텐츠 프로바이더는 그 정보를 PG 업자(Payment Gateway, 지불중개업자)에게 전송하여 본인 확인을 의뢰한다.

③ PG업자는 주민등록번호와 휴대전화번호를 통신 캐리어 서버에 전송해서 확인한다.

④ 주민등록번호와 휴대전화번호가 옳을 경우에는 PG 업자 또는 통신 캐리어 서버가 SMS메일의 형태로 인증번호를 유저의 휴대전화에 송신한다.

⑤ 유저는 휴대전화에 들어온 인증번호를 퍼스널 컴퓨터에 입력하여 콘텐츠를 이용하기 시작한다.

⑥ 그 후의 요금 지불은 그 반대의 경로를 밟게 된다. 우선 유저가 100의 이용요금을 통신 캐리어에 지불하면 통신 캐리어는 수수료 2.5~5.0%를 제외한 95.0~97.5%를 PG 업자에게 지불한다. PG 업자는 거기에서 10.0%를

31) 휴대전화에 의한 소액결제를 실시하고 있는 대규모 PG 업자인 Mobilians와 Info-Hub 관계자와의 인터뷰를 토대로 구성한 것이다.

제외한 85.0~87.5%를 콘텐츠 프로바이더에게 지불한다.

〈그림 Ⅳ-8〉에서 사각형 안의 숫자는 결제의 순서를 의미하고, 실선은 정보의 흐름을, 점선은 금전의 흐름을 나타낸 것이다.

이 같은 휴대전화에 의한 결제를 촉진한 요인으로는 두 가지를 들 수 있다. 첫째는 주민등록번호제도의 존재이고 둘째는 아바타 산업의 대두이다.

주민등록번호제도는 한국의 18세 이상의 남녀개개인을 모두 등록시키고 정부가 그 정보를 관리하는 제도로, 이러한 주민등록번호의 활용은 PG 업자가 휴대전화를 이용한 결제방법을 연구하는 과정에서 비롯되었다. 당초 PG 업자는 회원제로 결제 시스템의 운영을 시도해 보았다고 한다. 즉, 회원으로 모집한 각각의 유저에게 인증번호를 제공하는 방식을 취한 것이다. 그러나 이 방식은 실패로 끝나고 말았다. 유저들이 개인정보를 등록하는 것에 거부감을 느껴 좀처럼 회원이 모이지 않았기 때문이다. 거기에서 PG 업자는 유저의 인증을 위한 다른 방법을 모색했다. 그 결과 채택된 것이 주민등록번호였다. 주민등록번호는 휴대전화를 신청하는 과정에서 이미 복수의 통신 캐리어 서버에 등록되어 있고, 누구나가 자신의 번호를 기억하고 있으므로 신용카드 번호와 같이 일일이 확인할 필요가 없다. 물론 개개인의 고유번호로, 다른 사람에게 알려져 있지 않은 보호정보이기 때문에 개인의 확인이 용이했다.

두 번째 요인은 아바타 산업의 대두이다. 아바타란 힌두교(Hinduism)에서 화신(化身)을 의미하는 단어로, 게임 상의 유저를 상징하는 심벌(캐릭터)이다. 〈그림 Ⅳ-9〉와 같이 유저는 아바타 비즈니스 사이트에서 우선 자신의 캐릭터의 체형을 선택한 후, 가발, 의복, 구두 등을 배합시켜 자신과 가장 닮은 캐릭터를 만들어낸다. 아이템이라고 불리는 가발, 의복, 구두 등은 유료이며, 이들 아이템의 결제가 휴대전화에 의한 결제 시스템의 보급에 공헌했다.

PG업자가 휴대전화를 이용한 결제방법을 사업화한 당초에는 콘텐츠 프로바이더로부터의 반응이 별로였다고 한다. 콘텐츠 프로바이더는 아직 신용도가 낮고 벤처 기업인 PG 업자와의 거래에 불안을 느꼈기 때문이다. 또

〈그림 Ⅳ-9〉 아바타의 보기

자료: 프리챌 웹사이트(http://mall.freechal.com/AutMall/ImShop.asp/)

한, 유료화로 전환한 콘텐츠 프로바이더도 아직 많지 않았다. 당시는 규모가 큰 콘텐츠 프로바이더라 하더라도 무료로 콘텐츠를 제공하고 있었다. 콘텐츠 프로바이더의 수입의 대부분을 차지하는 광고료나 벤처 캐피탈로부터의 투자도 회원수를 기준으로 결정되어 있었다. 그렇기 때문에 콘텐츠 프로바이더는 콘텐츠를 유료화해서 회원의 이탈을 초래하기보다는 무료 콘텐츠의 제공을 선택한 것이다.

이러한 상황에서 콘텐츠의 유료화를 결단한 기업이 2000년 11월, 서비스를 개시한 한국 최대의 채팅 사이트 '세이클럽(Say Club)'이다. 이 세이클럽과 휴대전화에 의한 결제의 관계를 모빌리언스(Mobilians)사의 이강섭 씨는 다음과 같이 말하고 있다.

우리 회사가 사업을 시작하고 나서 첫 1개월간의 매상고는 단 30만 원이었습니다. 20명 가량의 인원으로 30만 원은 너무하다 싶었습니다. 이렇게 악전고투하고 있을 때에 세이클럽이 등장했습니다. 이 채팅 사이트에서는 유저가 설정한 남녀 캐릭터가 이동하면서 대화를 나눕니다. 유저의 대다수는 젊은 남녀이므로 당연히 자신의 캐릭터를 멋있게 보이고 싶어합니다. 자신의 캐릭터를 꾸미기 위한 아이템의 구입, 이것이 아바타 비즈니스입니다. 예를 들면, 350원짜리 반바지, 150원하는 양말, 950원짜리 양복 등을 사서 자신의 캐릭터에게 입히는 거죠. 세이클럽에서 발렌타인데이에 꽃다발, 남성용 정장과 초콜릿 세트를 5,000원으로 남성에게 선물하는 상품을 판매했더니, 예상 외로 폭발적으로 잘 팔려서 오히려 깜짝 놀랐다고 했습니다. 이런 아이템의 구입에 있어서 휴대결제는 안성맞춤이었습니다.[32)]

이러한 아바타 구매에 요구된 것이 소액결제의 수단이었다. 아바타의 각 아이템은 몇 백 원에서 몇 천 원 정도의 소액이었기 때문에 기존의 신용카드는 수수료 부담이 커서 결제수단으로는 부적당했다. 그 때, 마침 막 서비스를 시작한 휴대전화를 이용한 결제방법이 아바타의 아이템 구입에 이용되었다. 휴대전화에 의한 결제는 본래 1회 단위의 소액이용료를 누적해서 유저에게 청구하는 시스템이다. 게다가 〈그림 Ⅳ－8〉과 같은 시스템을 사용하면, 유저는 구입하고 싶을 때에 금방 구입할 수가 있다. 이러한 아바타 비즈니스가 초기단계의 PG 업자의 수익 개선에 크게 공헌한 것이다.

## 3 머그 게임 사례연구

이번 절에서는 부록의 연표에서 제시된 바와 같이 온라인게임사 연구에 기념비적인 역할을 한 온라인게임들을 자세히 알아보겠다.

32) Mobilians사의 이강섭 씨(마케팅 팀장)와의 인터뷰에서. 이 인터뷰는 2002년 4월 12일, 오전 10~12시 30분까지 Mobilians 본사에서 이루어졌다.

## 1) 넥슨의 '바람의 나라'

〈표 Ⅳ-5〉 넥슨 연표

| 연월 | 내용 |
|---|---|
| 1994. 12. | 넥슨(NEXON) 창립 |
| 1995. 12. | '바람의 나라' 발표 |
| 1996. 04. | 바람의 나라 상용 서비스 시작 |
| 1997. 10. | 어둠의 전설 발표 |
| 1998. 12. | 일랜시아 발표 |
| 1999. 10. | (주)엠플레이 세계최초 인터넷 퀴즈제임 퀴즈퀴즈 발표 |
| 1999. 11. | (주)넥슨 일본 현지 법인 설립 |

텍스트 기반 머드 게임 중심의 온라인게임시장에서 국내 최초로 그래픽 기반 머그 게임인 바람의 나라가 등장한 것은 우리나라 온라인게임 역사에 있어 큰 사건이라고 할 수 있다. 넥슨의 '바람의 나라'는 2년간의 개발기간을 거쳐 1995년 12월에 바람의 나라 시범 서비스를 시작으로 1996년 4월에 유료화되었다.

### (1) 넥슨의 설립

넥슨은 서울대학교 동기생인 김정주 씨와 송재경 씨가 공동 설립한 게임 개발 회사이다. 최초의 그래픽 온라인게임을 개발한 넥슨의 설립과정을 살펴보면 다음과 같다.

텍스트 기반 게임인 '쥬라기 공원'을 개발한 당시 최고의 개발자로서 인정받고 있던 송재경 씨는 한글과 컴퓨터사에 재직 중 이희상(현재 엔씨 소프트개발이사) 씨와 함께 DOOMVAS(Distributed Object Oriented Multimedia Virtual Active System)라 불리는 게임엔진 개발에 착수하게 되었다. 이 개발 엔진은 텍스트 기반의 머드의 연장이 아닌 새로운 그래픽 온라인게임 엔진 개발을 목적으로 했다.

DOOMVAS를 개발하는 도중에 두 사람은 한국 IBM의 고재범 씨를 만나, Affiliate Program[33]이라고 하는 제도를 통해 IBM으로부터의 투자를 유치했으나 이 계약은 송재경 씨가 한글과 컴퓨터를 퇴직함으로써 실현되지 못했다. 그러나 DOOMVAS 개발과정을 통해 그래픽 게임 엔진 개발의 시도가 이루어졌으며 그 결과 초기 형태의 그래픽 게임의 원형을 개발할 수 있었다.

이후 본격적으로 온라인게임 개발에 착수하기 위해서 1994년 12월에 서울대학교 공과대학 동기생인 김정주 씨와 송재경 씨는 넥슨이라는 벤처기업을 창립했다. 이후 1994년 12월, 한국 IBM은 정식 승인 수속을 거쳐, DOOMVARS의 파트너를 넥슨으로 변경하고 설립된 지 얼마 되지 않은 넥슨과 재차 공동개발계약을 체결했다. 한국 IBM은 5,280만 원을 투자하는 동시에, 온라인게임 개발에 필요한 서버(RS/6000, 당시 9,000만 원 상당) 등의 기기를 제공하고, 개발 후에는 제품의 글로벌 마케팅을 대리하기로 하였다. 그러나 회사 체제가 아직 정비되지 않고, 개발기간도 예정보다 길어짐에 따라 넥슨의 자금사정은 나빠졌다. 그러나 한국 IBM으로부터 1995년 12월경, 4,500만 원을 추가 지원받는 동시에 한국 IBM이 주문받은 웹사이트 제작을 넥슨이 맡음으로써 운영 자금을 확보할 수 있게 된다.

그러나 한국 IBM으로부터의 추가지원이 있기 2개월 전인 1995년 10월, 송재경 씨는 공동경영자인 김정주 씨와의 의견차이로 넥슨을 사직하게 되었다. 사직을 할 때에 송재경 씨는 '넥슨의 주식 50%의 지분을 포기하는 대신에, '바람의 나라'의 프로그램 소스코드(Program Sauce Code)를 이용해서 새로운 게임을 개발할 수 있으며, 1997년 이후에는 그 게임의 서비스를 시작할 수 있다' 라는 조건으로 넥슨 측과 합의 후 퇴사했다.

송재경 씨가 퇴사한 후 넥슨은 '바람의 나라' 개발을 계속하였고, 1996년 4월에 게임이 완성되고 넥슨은 PC 통신 천리안을 통해 서비스를 시작했다.

---

33) IBM과 벤처 기업이 제휴해서, IBM이 관련기술과 자금, 판매망, 마케팅 기능을 제공하고 벤처 기업이 제품이나 서비스를 개발하고 거기에서 얻어지는 수익을 공동분배하는 제도이다.

유저의 강력한 지지를 배경으로 넥슨은 1996년 4월에 유료화 전환에 성공하고 2000년에는 매상고 250억 원, 순이익 110억 원 규모의 기업으로 성장했다.

### (2) 그래픽 온라인게임에 개발에 가능성에 대한 부정적 인식

국내 최초 그래픽을 입힌 온라인게임을 개발했다는 것은 상징적 위상만큼이나 어려움도 많았다. 당시 게임에 대한 인식이 좋지 못하다 보니 좋은 개발자를 구하는 것이 매우 힘들었으며, 개발뿐만 아니라 시장 분위기 역시 머그 게임을 쉽게 반기지 않았다. 비싼 요금으로 인해 유저층은 매니아에 국한됐고, 클라이언트 크기가 1.4MB나 되는 게임이 성공할 수 없다는 분위기도 지배적이었다. 하지만 이미 알고 있는 것처럼 통신 기술의 발전은 2년 후 머그 게임의 성공시대를 기다리고 있었다. 개발 당시의 주변의 부정적 견해에 대한 송재경 씨의 생각은 다음과 같다.

> 그 당시 업계 많은 사람들이 그래픽 머드가 그림을 전송하려며 통신 속도가 절대 안 될 텐데요… 하고 부정적으로 이야기를 했어요. 그런데 그림을 왜 다 전송해요? 그림은 미리 다운로드되어 있고 1 보내면 위로 한 칸, 2 보내면 아래로 한 칸인데 한 바이트만 보내면 되니까 어떻게 보면 텍스트 머드보다 적을 수도 있죠. 저는 대역폭이나 그런 것은 전혀 문제 없을 거라고 생각했었고, 텍스트 머드가 되기 때문에 텍스트 머드가 되는 곳에서는 그래픽 머드도 될 것이다라는 막연한 확신이 있었습니다. 그리고 게임을 개발하기 시작할 때에는 어느 게임 개발 회사든지 지금의 스팩에 맞춰서 개발하지 않거든요. 지금의 최고 스팩에 맞추거나 왜냐하면 2년 후에는 보급형이 되니까요. 아니면 아예 있지도 않은 스팩에 맞춰서 개발을 하거나, 2년 후에는 나오겠지 하는 막연한 기대감을 갖고 게임을 개발합니다. 저희도 마찬가지였습니다.[34)]

---

34) 이 인터뷰는 2004년 9월 17일 금요일, 오후 2시부터 4시까지 2시간 동안 X2GAME 사무실에서 송재경 씨를 대상으로 실시하였다. 위정현, 조원진, 김보경이 인터뷰어로 참여하였다.

즉 '바람의 나라'는 당시의 통신속도로 인해 텍스트보다 상대적으로 많은 용량을 차지하는 그래픽 게임을 전송하는데 대한 부정적인 기존의 고정관념에서 탈피하여 구현가능성을 확인하고 개발이 시도되었으며, 컴퓨터 성능의 향상될 것이라는 측면까지 고려하여 개발된 게임이다.

기존에 온라인게임을 제공하고 있던 텍스트 기반 머드 게임 회사들이 그래픽 기반의 온라인게임으로 전환하지 못한 이유는 그래픽 기반의 게임의 개발 가능성 및 서비스 가능성에대한 부정적인 견해와 대부분의 회사가 그래픽 기반의 게임에 대한 기술력이 없었기 때문으로 판단된다. 그것과 관련하여 송재경 씨는 다음과 같이 이야기한다.

> 텍스트 머드하는 회사들이 일단 기술이 없었어요. 사실 텍스트 머드는 글의 힘이잖아요. 그런데 기술이라는 것이 있을 수 없는 이유는 마리텔레콤을 제외하고는 자체 개발한 기술은 하나도 없고, 다 베껴와서 한 것이기 때문이예요, 디쿠 머드를 가져와서 한 곳도 있고 LP 머드를 가져와서 한 곳도 있고, 하지만 어쨌든 다 베껴와서 하는 것이거든요. 마리텔레콤을 제외하고는 그래픽 머드를 만들 기술력이 없었고 그래픽 머드가 당연히 안 된다고 생각하던 시절이니까, 뭐 그래픽 기반 게임으로 전환한다는 것은 아예 말이 안 돼죠.[35)]

넥슨의 '바람의 나라'는 그래픽 기반 온라인게임의 성공 가능성에 대한 부정적인 견해에도 불구하고 그래픽 기반 게임을 개발 서비스함으로써 온라인게임을 한 단계 발전시킨 머그 게임의 선구자적인 게임이라고 할 수 있다.

### (3) 만화를 원작으로 한 '바람의 나라' 소개

넥슨의 온라인게임 '바람의 나라'는 고구려의 졸본성과 국내성을 배경으로 낙랑과 부여가 전쟁을 치르는 상황을 주요내용으로 하는 만화가 김진의 바람의 나라를 원작으로 한 온라인 머그 게임이다. '바람의 나라'의 기획 프

---

35) 송재경 씨와의 인터뷰에서.

로세스에 대해 송재경 씨는 다음과 같이 말한다.

> 처음부터 명확한 기획이 있었던 건 아닙니다. 게임 원작이 있으면 좋겠다고 생각하고 있었습니다. 저 자신도, 김정주도 엔지니어였기 때문에 시나리오를 구성하는 데에는 한계가 있었습니다. 시나리오가 될 만한 것을 찾고 있던 중에 픽션으로서는 만화가 좋지 않을까라고 생각한 것입니다. 그러나 유명 만화가가 우리를 상대해 줄지는 알 수 없었기 때문에 결국 단념했습니다. 그 대신 김진이라는 만화가에게 부탁하기로 했습니다. 그는 이전에 '한글과 컴퓨터' 사의 일러스트 등을 그리던 사람으로, 이 사람에게 도움을 구해야겠다고 생각했습니다.[36]

기존의 머그 게임이 일정수준 이상의 키보드 사용 및 타이핑 실력을 가지고 있어야 쉽게 게임을 이용할 수 있는 한계가 있는 반면, '바람의 나라' 는 화살표 및 키보드 단축키 기능 및 마우스를 이용하여 게임을 즐길 수 있다. 따라서 타이핑 등 컴퓨터에 익숙하지 않은 사람도 쉽게 게임에 접근할 수 있는 특징을 가지고 있다.

'바람의 나라' 역시 기존의 머드 게임과 마찬가지로 커뮤니티가 존재하기

〈그림 Ⅳ－10〉 '바람의 나라' 게임화면

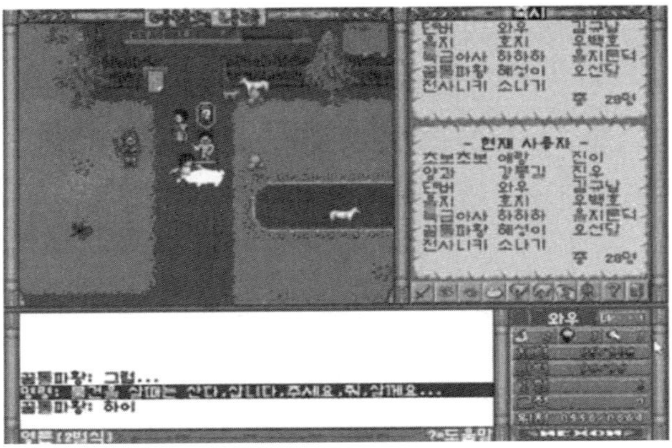

36) 송재경 씨와의 인터뷰에서.

는 하나 게임상에서 중요한 위치를 차지하고 있지는 않다. 게임의 전개 자체가 임무수행 중심으로 혼자서도 플레이가 가능하며, 비폭력적이어서 여성 및 가족 사용자가 많은 것이 특징이다.

### (4) 넥슨의 요금 체계

머그 게임에 대한 온라인게임산업 내의 부정적인 견해에도 불구하고 '바람의 나라'는 서비스 시작 이후 서버 다운 등의 여러 가지 문제점 개선 이후 수익을 얻게 된다. 초기에 '바람의 나라'는 PC 통신을 통해 부가세 포함 분당 22원의 요금으로 개인 유저에게 서비스되었으며 개인 유저뿐 아니라 PC 방에도 분당 11원에 게임이 제공되었다. 그러나 PC 방 업주들의 요청에 따라 IP당 월 198,000원의 요금으로 게임을 제공하는 정액 요금제를 시작했으며, 더불어 개인 유저도 월 49,500원을 내고 인터넷 접속을 통해 무제한 이용할 수 있는 요금제를 만들었다.[37] 현재는 요금이 많이 내려서 월 24,200원의 정액으로 게임을 무제한 이용할 수 있다. 뿐만 아니라 레벨이 50 이하인 경우 초저가 요금제인 9,900원의 요금제를 이용할 수도 있으며 월 정액제의 경우 두 개의 아이디를 이용할 수 있는 반면 하나의 아이디만 사용하는 경우는 1개월 무제한 요금제로 보다 저렴하게 이용할 수 있는 등의 다양한 요금 제도를 가지고 있다.

〈표 Ⅳ-6〉 바람의 나라 요금 정책[38]

| 구분 | 개인정액 | | | | 타임쿠폰 | | | 종량 |
|---|---|---|---|---|---|---|---|---|
| 종류 | 30일 | 90일 | 1개월 무제한 | 초저가요금제 | 3시간 | 5시간 | 10시간 | 분당과금 |
| 요금 | 24,200원 | 70,400원 | 19,800원 | 9,900원 | 3,000원 | 5,000원 | 8,000원 | 22원/분 |

37) 2004년 12월 21일 화요일, 오전 10시부터 11시까지 1시간 동안 중앙대학교에서 넥슨 이사 김상범 씨를 대상으로 실시하였다. 위정현, 정해광, 조원진이 인터뷰어로 참여하였다.

38) 넥슨 홈페이지(http://www.nexon.com).

### (5) '바람의 나라' 의 의의

'바람의 나라' 이전에는 사이버 공간에서 문화라는 측면은 채팅이나 메일 등에 의해 주도적으로 이루어져 왔다고 볼 수 있다. 그러나 바람의 나라 등장 이후 온라인게임에서 사회 공간은 사람과 사람이 만나는 공간으로 원하는 많은 행동을 할 수 있기 때문에 더 많은 사회적인 교류가 가능하다는 매력을 가지고 있었다.

'바람의 나라' 가 가지는 온라인게임사적 의의는 다음과 같다.

첫째, '바람의 나라' 는 머드 게임 일색의 온라인게임시장에서 한국 최초로 개발된 그래픽 기반 온라인게임이다. 기존의 텍스트 기반의 머드 게임같이 선과 점으로 이루어진 게임과 달리 바람의 나라는 그래픽과 사운드가 결합된 멀티미디어 형식의 게임으로 유저들에게는 새로운 느낌을 주기에 충분했다.

둘째, '바람의 나라' 는 실시간 전투를 기본 테마로 하는 오늘날의 RPG의 뼈대를 완성한 게임이다. 즉 '바람의 나라' 는 RPG라는 개념조차 전혀 잡혀 있지 않았던 국내 시장을 개척한 게임이라고 할 수있다.

그러나 그래픽 온라인게임의 장을 연 '바람의 나라' 는 결과적으로 성공하지 못했다. 온라인게임은 게임 내의 협조성보다는 경쟁 및 성취적인 측면이 게이머에게 더 크게 부각되는 경향이 있는데 '바람의 나라' 는 PK[39] 및 공성전[40]의 개념이 부재했으며 올라갈 수 있는 레벨 등에 있어서도 한계가 있어 게이머들을 게임으로 이끄는 유인력이 다소 작았다.

## 2) 엔씨 소프트의 '리니지'

엔씨 소프트는 온라인게임의 확산을 몰고 온 '리니지(Lineage)' 를 개발, 서비스하고 있는 회사로 1997년 말 '리니지' 의 개발은 온라인게임시장 형성의 기폭제가 된 게임이라고 할 수 있다.

---

39) Player Killing의 약자로 다른 사용자를 죽일 수 있는 행위.

40) 성을 사이에 두고 싸움을 하는 것.

〈표 Ⅳ-7〉 엔씨 소프트 연표

| 연월 | 내용 |
|---|---|
| 1997. 3. | (주)엔씨 소프트 설립 |
| 1998. 9. | '리니지' 상용 서비스 시작 |
| 2000. 5. | 미국 현지법인 엔씨인터렉티브(NC Interactive) 설립 |
| 7. | 코스닥 등록 |
| 2000. 5. | 미국 지사 엔씨오스틴(NC Austin) |
| 8. | 소프트뱅크 그룹과 일본 합작법인 엔씨재팬(NC Japan) 설립 |
| 2002. 12. | '스타크래프트', '워크래프트'의 핵심개발자로 구성된 미국 Arena Net 인수 |
| 2003. 1. | 시나(SINA)와 중국 합작법인 엔씨시나(NCSina) 설립 |
| 5. | 한국증권거래소로 이전 상장 |
| 10. | '리니지2' 상용서비스 시작 |
| 2004. 7. | 유럽 현지법인 엔씨 소프트 유럽(NC Europe) 설립 |

엔씨 소프트는 1997년 3월 현대전자 연구소에서 IT 솔루션을 연구하고 있던 12명의 엔지니어가 독립해서 그룹웨어 및 IT 솔루션을 취급하는 기업으로 출발하였다. 그러나 엔씨 소프트는 그룹웨어나 IT 솔루션 분야의 치열한 경쟁으로 인해 사업 도메인 변경을 검토하고 새로운 사업으로서 온라인게임으로 사업의 방향을 전환한다. 엔씨 소프트가 온라인게임을 선택한 이유는 우선 온라인게임이 IT 솔루션 분야와 기술적으로 관련이 있다는 것 때문이었다. IT 솔루션과 온라인게임 모두 핵심 기술이 서버와 네트워크라는 것이 공통점이었다. 또한 당시에 인터넷 인프라스트럭처의 정비가 진행되고 있어서, 정부에 의한 엔터테인먼트 산업 지원이 본격화되고 있다는 것도 좋은 조건이라고 판단되었다.

이에 따라 엔씨 소프트는 송재경 씨를 영입하고 '리니지' 개발에 착수했다. 시장에 소개된 '리니지'는 그래픽과 게임의 구성이 우수하고 또한 정기적인 버전업이 좋은 획기적인 게임이다 라고 평가되어 이용자수가 증가하게 되었다.

### (1) 만화를 원작으로 한 '리니지'

신일숙의 만화원작을 기반으로 한 온라인게임 '리니지'는 정제된 시나리오, 화려한 그래픽 그리고 캐릭터들이 잘 짜여진 있는 게임이다. 왕자와 공주, 기사, 요정, 마법사 등 네 개의 종족 가운데 하나를 자신의 캐릭터로 선택하고 몬스터와 싸워가는 과정에서 힘과 능력을 키우고, 혈맹을 맺은 동료 게이머와 협력해 가며, 결국에는 '리니지 월드'를 정복하는 것이 이 게임의 기본 구도이다.

줄거리는 간단하지만 게임 이용자는 레벨 1에서 50까지의 능력을 키우기 위해 온갖 고초를 겪어야 한다. 이러한 과정에서 어렵게 장만한 '변신반지' '순간이동반지' '투명 망토' '팔양검' '십양검' 등 화려한 무기들은 게임의 공간을 벗어나 실제사회에서도 그 가치를 평가받는다. 게이머들은 오프라인 상에서 서로 만나 실제로 현금(5~150만 원)을 주고 캐릭터나 무기를 갖춘 ID계정을 넘겨받는 거래를 하기도 한다.

〈그림 Ⅳ-11〉 '리니지' 공성전 화면

### (2) 온라인게임시장의 기폭제가 된 '리니지'의 성공

'리니지'는 1998년 게임의 상용화 이후 온라인게임사 및 인터넷 역사에 새로운 획을 그었다. 다음의 〈표 Ⅳ-8〉을 보면, 동시접속자 추이가 급속히 증가되었으며, '리니지'의 성공을 기반으로 엔씨 소프트는 코스닥 상장을 통해 '코스닥의 황제'로 등극하게 된다.

이후 지속적인 시장 개척을 통해 현재는 대만, 미국, 일본, 중국에서도 서비스중이며 구체적인 서비스 현황은 다음의 〈표 Ⅳ-9〉와 같다.

1996년 바람의 나라로 시작한 온라인게임은 1999년 '리니지'의 성공과

〈표 Ⅳ-8〉 '리니지' 서비스 이용자 증가 추이[41]

| 연월 | 내용 |
|---|---|
| 1997. 3. | 엔씨 소프트 창립 |
| 1998. 9. | '리니지' 국내 상용화 |
| 1998. 12. | 한국 온라인게임 최초 동시접속자수 1,000명 돌파 |
| 1999. 12. | 국내 최초 동시 접속자수 1만 돌파 |
| 2000. 12. | 국내 동시 접속자수 10만 돌파 |
| 2001. 12. | 세계 최초 동시접속자수 30만 돌파 |

〈표 Ⅳ-9〉 2004년 9월 국내 '리니지1' 서비스 현황[42]

| 구분 | 대만 | 미국 | 일본 | 중국 | 한국 |
|---|---|---|---|---|---|
| 서버 수 | 36 | 3 | 6 | 11 | 42 |
| 최고 동시접속자수 | 150,219 | 1,277 | 17,315 | 10,080 | 146,301 |
| 일간 접속 | 296,034 | 4,388 | 35,519 | 32,582 | 420,295 |
| 월간 접속 | 652,063 | 7,089 | 77,889 | 140,422 | 1,489,335 |

41) 엔씨 소프트 홈페이지(http://www.ncsoft.net/).

42) 엔씨 소프트 홈페이지.

〈그림 Ⅳ-12〉 온라인게임 출시 추이

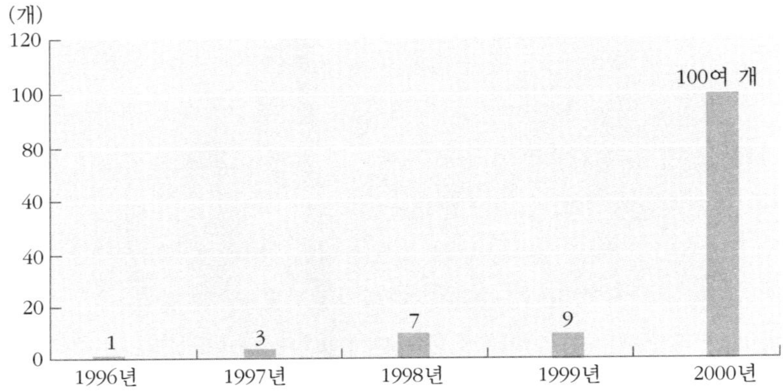


자료: 게임메카 홈페이지(http://www.gamemeca.co.kr)

더불어 2000년에는 거의 100개에 달하는 온라인게임들이 폭발적으로 출시되었다. 즉 '리니지'의 성공은 온라인 RPG 시장의 기폭제가 되었다고 할 수 있다.

### (3) 엔씨 소프트의 요금 정책

엔씨 소프트는 사용자의 부담을 줄이기 위해 다양한 요금 정책을 사용하고 있다. 개인 이용자에 대해서는 한 달에 30시간 이상의 '리니지' 이용자를 위한 개인 정액 요금으로 월 29,700원의 요금제를 이용할 수 있으며, 그 외에도 쿠폰을 구입하여 정해진 시간 동안 '리니지'를 이용할 수 있는 서비스인 타임 쿠폰 방식의 요금도 제공한다. 또한 PC 방의 경우는 회선당 4만 4,000원~6만 6,000원의 월정액 요금이 부과된다.

이런 다양한 요금제를 통한 엔씨 소프트의 '리니지'를 통한 부문별 매출 현황을 보면 엔씨 소프트의 고수익은 B2B와 B2C의 양분야에서 발생하고 있음을 알 수 있다. 2000년의 경우 PC 방 매출이 전체의 70. 46%로 19.21%의 개인 과금을 통한 매출의 3배 이상으로 PC 방을 통한 매출이 엔씨 소프트의 매출에 큰 부분을 차지하고 있음을 알 수 있다. 이후 점차 두 분야의 매

〈표 Ⅳ-10〉 '리니지'의 요금 정책[43)]

| 구분 | 개인정액 | | 타임쿠폰 | | | | 개인종량 |
|---|---|---|---|---|---|---|---|
| 종류 | 30일 | 90일 | 3시간 | 5시간 | 10시간 | 30시간 | 분당과금 |
| 요금 | 29,700원 | 70,400원 | 3,000원 | 5,000원 | 8,000원 | 18,000원 | 22원/분 |

〈표 Ⅳ-11〉 부문별 매출[44)]

(단위: 백만원)

| 부문 | 2000 | 2001 | 2002 | 2003 | 2004(예상) |
|---|---|---|---|---|---|
| PC 방 | 39,386 | 61,370 | 53,331 | 48,005 | 74,703 |
| 개인 | 10,738 | 43,558 | 74,726 | 88,603 | 133,523 |
| PC 통신 | 4,479 | 8,336 | 4,680 | 1,681 | 573 |
| 로열티 | 1,296 | 9,327 | 21,873 | 28,248 | 36,977 |
| 합계 | 55,900 | 122,593 | 154,610 | 166,537 | 245,776 |

출 비율이 거의 균등해짐에 따라 현재는 개인별 과금을 통한 매출이 절반 이상을 차지하고 있다. 이는 가정 내 PC 사양이 좋아지고, 초고속통신망이 가정으로 보급됨에 따라 게임의 장소가 PC 방에서 가정 내로 이동하게 되고, 이와 더불어 온라인게임간 경쟁으로 인해 IP당 과금액이 낮아짐에 따라 PC 방을 통한 매출 감소에 기인한 것으로 판단된다.

### (4) '리지니'의 성공 요인

'리니지'는 온라인게임의 새로운 장을 열었다고 평가받는 2D기반 RPG이다. '리니지'는 2년여의 개발 기간과 10개월의 공개 베타 테스트를 거쳐 1998년 9월 상용화된 이래, 국내는 물론 대만 및 기국, 일본 홍콩에서도 서비스되고 있는 세계최대의 사용자수를 확보하고 있으며 매출 역시 꾸준히 증가 추세를 보이고 있다.[45)]

---

43) 엔씨 소프트 홈페이지(http://www.ncsoft.net/).

44) 엔씨 소프트 홈페이지.

45) 2001년의 이익률 저하는 다른 회사로부터 지적재산을 구입하는 데에 약 480억 원이 들었기 때문이다.

〈그림 Ⅳ-13〉 엔씨 소프트의 성장

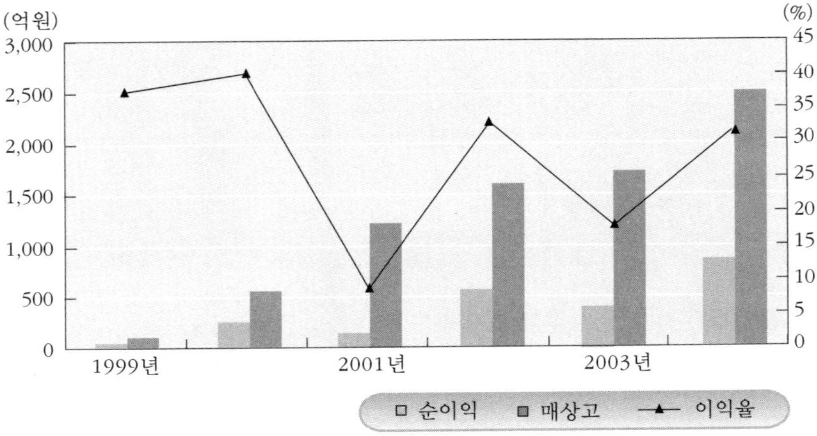


자료: 엔씨 소프트 홈페이지(http://www.ncsoft.net/)

처음 '리니지' 를 기획했을 때 '리니지' 의 주요고객은 하드코어 게이머가 아닌 일반적인 인터넷 유저였기 때문에 간편한 마우스 조작만으로도 게임이 가능한, 아주 쉬운 게임을 만드는 데 초점을 맞추었다. 따라서 직관적인 인터페이스와 손쉬운 조작법 덕분에 '리니지' 는 누구나 할 수 있는 쉬운 게임으로 인식되었고 결과적으로 대중화에도 성공할 수 있었다.

'리니지' 의 특징적인 점은 온라인게임으로서 하나의 작은 사회라는 것이다. 개발자나 운영자가 어떠한 이벤트를 제공하고 게임의 진행방향을 제시하는 것이 아니라, 사용자들 스스로 방향을 만들어 나가는 게임이라는 점이다. '리니지' 는 사회성이라는 점에서 한 가지 독특한 특징을 가지고 있는데 '혈맹' 이라는 개념의 존재가 바로 그것이다. 자신이 소속된 혈맹의 군주에게 충성하고 맹세하는 모습은 다른 온라인게임에서는 찾아보기 힘든 장면이다.

'리니지' 의 또 다른 성공 요인은 에피소드를 출시했다는 점이다. 에피소드를 주기적으로 출시함으로써 게이머들이 원하는 바를 게임에 반영할 수 있었으며 게이머들은 결과적으로 게임을 오랫동안 즐기게 되었다. PC 방을 중심으로 형성된 게이머들 간의 네트워크도 '리니지' 가 성공할 수 있었던 매우 중요한 요소이며 따라서 PC 방이 게임을 서비스하기 위한 장소일 뿐 아니라 중요한 마케팅 채널이 되었다고 할 수 있다.

'리니지'는 우리나라의 PC 방 붐과 관련하여 PC 방에서 수익을 거두어들일 수 있었다. 실제 엔씨 소프트의 부분별 매출 현황에서 본 것처럼 엔씨 소프트는 PC 방을 통한 매출이 상당부문을 차지한다. 기존에 넥슨의 바람의 나라가 PC 방을 통해 수익을 얻고 있었지만 실제 PC 방 매출이 넥슨의 매출에 큰 부문을 차지하지는 못했다. 결국 넥슨이 제시한 PC 방 수익 모델을 엔씨 소프트가 확립함으로써 안정적으로 수익을 창출할 수 있었다.

그러나 무엇보다 중요한 요인은 중독성이 강하여 기존 게이머들을 계속 끌어들일 수 있다는 것이다. 다른 게임들이 게임의 끝이 있고, 게임을 여러 번 하면 같은 내용의 반복으로 지겨워질 수 있으나 '리니지'는 Game-over 없이 게임월드가 현실과 같이 시간을 가지고 계속 진행된다. 이는 게임을 계속하게 되는 이유가 된다. 뿐만 아니라 PK,[46] 공성전[47] 같이 컴퓨터와의 대결이 아닌 다른 게이머와의 대결이므로 게임할 때마다 다른 재미를 느낄 수 있으므로 그만큼 몰입도가 더 크다고 할 수 있다.

### (5) '리니지'로 인해 제기된 사회 문화적 문제점

'리니지'는 게임 중독, PK를 통해 다른 사람의 아이템을 빼앗는 행위, 아이템 현금 거래 등에 따른 범죄 유발 등이 문제점으로 지적되면서 영상물등급위원회로부터 성인용 등급인 '18세 이용가' 등급을 받았다. 이 판정에 따라 사용자수와 함께 매출이 크게 줄어들 것을 우려한 엔씨 소프트는 게임 내용 수정에 나서 PK를 없앤 non PvP(Player Versus Player)와 PK는 되지만 아이템을 빼앗을 수 없는 PvP 버전의 두 가지로 게임을 나누어 재심의를 받아 각각 12세 이용가와 15세 이용가 판정을 받았다. 이로 인해 엔씨 소프트는 매출액에 큰 타격을 받았으며, 실제 엔씨 소프트의 주가에도 영향을 받

46) Player Killing의 약자로 다른 사용자를 죽일 수 있는 행위.

47) 성을 사이에 두고 싸움을 하는 것.

았다.

등급 문제뿐 아니라 실제 게임 안에서 사용되는 가상의 무기를 훔쳐 다른 사람에게 되판 고등학생이 불구속 입건되는 등의 사건이 있었다. 이는 실제 게임 안에서 쓰이는 무기, 갑옷 등이 현실세계에서 현금으로 거래되기 때문이다. 이런 '리니지' 로 인한 사회 문화적 문제점은 기존에 이미 논의되어 왔었으며, 실제 '리니지' 게임에 중독되어 게임세계와 현실세계를 구분하지 못한 범죄를 저질러 구속되는 등 그 심각성이 드러났다.

그러나 엔씨 소프트측은 "대만과 일본에서도 똑같은 서비스를 하고 있지만 국내에서와 같은 역기능은 일어나지 않는다"라며 "만약 게임 자체에 문제가 있다면 어떤 곳에서라도 동일한 역기능이 일어나야 하지만 유독 한국에서만 이러한 문제가 발생하는 것은 어느 정도 사회가 책임져야 할 문제가 아닌가 하고 생각한다"고 밝혔다.[48] 즉 '리니지' 로 인해 제기된 여러 가지 사회 문화적 문제점은 게임 내용 자체가 현금거래 등 사행성과 폭력행위를 조장하는 것이 아니라 사회적으로 폭력과 사행심을 부추기는 문화가 이미 폭넓게 뿌리 박혀 있다고 반박한다.

엔씨 소프트는 2004년에 3사분기 현재 매출 1,619억 원, 순익 874억 원을 기록하며 수익 모델의 부재로 도산하고 있는 여타의 닷컴들과는 다르게 확실한 수익을 보여주고 있는 얼마되지 않는 소수의 성공한 닷컴 기업이라고 할 수 있다. 또한 경기불황으로 인한 증시 하락에도 불구하고 국내외 투자가들의 호의 속에 코스닥 대표 종목으로 성장하였다.

### (6) '리니지' 의 의의

'리니지' 는 서비스 과정 상에서 여러 이슈가 제기되기도 했지만 온라인게임사 상에서 '리지니' 가 가지는 의미는 다음과 같다.

첫째, 1999년 '스타크래프트' 가 국내 게임 시장을 거의 장악하다시피 한 상황에서 엔씨 소프트의 '리니지' 는 많은 사용자로 하여금 온라인게임으로

---

48) "People interview 엔씨 소프트 부사장," Digital Contents(2002).

전환하는 계기를 제공했으며 온라인게임시장 성장의 기폭제 역할을 하였다.

둘째, '리니지'의 성공은 많은 기업으로 하여금 온라인게임시장에 진입을 촉진하였다. 실제 '리니지'의 성공은 온라인게임이 고부가가치 산업이라는 인식이 확산되면서 사람과 자금이 게임업계로 유입되는 계기가 되었다. 또한 판타지풍의 세계관은 물론, 조작 인터페이스, 심지어 공성전(攻城戰)까지 거의 모방한 RPG의 아류작들이 줄을 잇게 되었다.

이처럼 '리니지'는 온라인게임시장의 성장가능성을 확인시켜주고 실제 많은 기업들의 온라인게임시장 참여로 온라인게임시장의 성장을 이끈 한국 제일의 온라인게임이라고 할 수 있다.

### 3) 한게임

1990년대 후반 한게임의 등장과 함께, 머그 게임 일색이었던 한국 온라인게임시장에 또 한번의 변화가 일어난다. 고스톱, 바둑 등 누구나 즐길 수 있는 게임들이 인터넷으로 서비스되기 시작한 것이다. '리니지' 등의

〈표 Ⅳ-12〉 한게임 연표

| 연월 | 내용 |
|---|---|
| 1997. 12. | 삼성 SDS 사내벤처 네이버포트 독립 |
| 1998. 12. | (주)한게임커뮤니케이션 설립 |
| 1999. 12. | 한게임 정식 서비스 시작 |
| 2000. 7. | 한게임커뮤니케이션, 원큐, 서치솔루션 등 3개사 합병 완료 |
| 9. | 한게임재팬 법인 설립 |
| 2001. 1. | 미국법인 설립 |
| 9. | Next Human Network, NHN(주)로 사명 변경 |
| 2002. 5. | 한국의 웹사이트 게임 부문 3년 연속 1위 (한국능률협회컨설팅) |
| 10. | 코스닥 등록 |
| 2004. 1. | 김범수 단독 CEO 체제 시작 |

MMORPG가 특정 매니아를 위한 게임이었다면 한게임은 누구나 즐길 수 있는 게임이었다. 비슷한 시기에 등장한 '포트리스'와 한게임은 온라인게임에 대한 인식을 변화시켰고, 온라인게임의 사용자층은 급속히 확대되었다. 온라인게임과는 거리가 멀게 보였던 여성과 장년/노년층 사용자들은, 한게임을 계기로 인터넷으로 즐길 수 있는 게임이 있다는 사실을 알게 된 것이다.

### (1) 한게임의 현황

1998년 9월에 설립된 한게임은 1999년 12월부터 온라인게임 서비스를 제공하기 시작했다. 서비스 3개월 만에 한게임은 회원수 100만 명을 돌파, 하루 1,000만 페이지뷰를 상회하는 대표적인 게임사이트로 자리잡았고 2000년에는 원큐, 네이버와 합병하였다. 2001년에는 회사명을 NHN으로 바꾸고 다음 해 코스닥에 등록하여 현재 코스닥 기업 중 시가총액 1위를 기록하고 있다. NHN의 2004년 2분기 매출액은 578억, 순이익은 180억 원으로 인터넷 기업 중 단연 돋보이는 실적이다. 이러한 성장에는 게임부분의 매출이 많은 부분 기여하고 있는 것으로 보인다. 특히 한게임은 해외 진출

〈그림 Ⅳ-14〉 '한게임' 웹사이트 화면(2004년 12월)

자료: 한게임웹사이트(http://www.hangame.com)

에 주력하여 2004년 10월에는 일본 동시접속자수가 10만 명을 넘어섰다. 또한 최근에는 '당신은 골프왕' 이라는 게임을 서비스하기 시작하며 캐쥬얼 게임으로도 영역을 넓히고 있다.

### (2) 한게임의 시작－PC 통신과 인터넷

한게임의 시작은 삼성 SDS에서부터이다. 삼성 SDS의 PC 통신사업인 유니텔을 담당하던 김범수(현 NHN 대표) 사장은 삼성 SDS 동료 3명을 비롯한 총 5명과 함께 1998년 한게임을 설립한다. 처음부터 게임을 제작하였던 것은 아니다. 당시 스타크래프트의 인기로 PC 방이 급속도로 확산되고 있었고, 한게임은 이러한 시장상황을 적극적으로 활용했다. PC 방 사업 및 PC 방 관리 프로그램의 개발, 판매하며 사업의 기반을 마련한 것이다.

한게임은 인터넷, e-비즈니스의 도입과 함께 생겨난 소위 인터넷 벤처기업 중에 하나였다. 삼성 SDS의 PC 통신인 '유니텔' 출신들로 이루어진 한게임은 PC 통신의 한계와 인터넷의 가능성을 모두 인식하고 있었다. 가까운 시일 내에 인터넷의 보급이 확산되면 모뎀을 통한 통신망의 접속은 불필요해질 것이고 따라서 PC 통신사업은 쇠퇴할 수밖에 없다고 판단한 것이다. 또한 인터넷은 PC 통신과 달리 제한된 가입자가 아닌 모든 사용자를 대상으로 하기 때문에 그 성장 가능성이 무한하다고도 생각하였다. 한게임 설립 초기에 참여했던 남궁훈(현 한게임 부문장) 씨는 이에 대해 다음과 같은 의견을 밝혔다.

> 그게 사실 그 때 이제 PC 통신이 사회적으로는 굉장히 이슈화되고 붐이라고 하지만 미국 쪽에서는 PC 통신을 단순히 접속시켜주는 회사 정도로만 보거든요. 그 당시에 우리나라 PC 통신은 어떻게 보면 부가적인 거고, 메인은 콘텐츠와 전용 에뮬레이터를 통해서 콘텐츠를 쉽게 이용할 수 있게 해주고 정보를 모으고 받을 수 있는 센터로, 지금 현재의 하나의 포털로 생각을 했는데 그 때 한국 인터넷 PC 통신 회사들을 보면 단순히 인터넷 접속을 하는 데로만 봤거든요. 그런데 이제 인터넷이라는 게 들어오고 광통신망이 확보가 되면 모뎀을 쓸 일은 전혀 없을 거고요, 그래서 통신사, 접속을 연결시켜주는 회사로서는 의미가

없어지는 거에요. 또 콘텐츠 제공자로는 아까도 말씀드렸지만 PC 통신은 하나의 도시 정도이고, 큰 세계가 인터넷에 있는데 도시의 정보 결집력으로는 한계가 너무 크다는 거죠. 그래서 스스로 PC 통신에 대해서 한계를 많이 느꼈고요.[49)]

초기 한게임은 인터넷 기업으로서 전형적인 비즈니스 모델을 가지고 있었다. 설립 당시 그들이 추구했던 방향은 '매체로서의 인터넷'이었다. 즉 인터넷 사이트를 통해 사용자들을 모으고 그 사용자들에 대한 광고로 수익을 얻는, 그 당시 다른 인터넷 기업과 크게 다를 바 없는 비즈니스 모델을 생각한 것이다. 다른 점이라고는 게임을 통해 회원을 모으려 했다는 것뿐이다. 그러나 바로 그 차이가 지금의 한게임을 가능하게 하였다.

한게임이 회원을 확보하기 위한 수단으로 게임을 선택한 데에는 이유가 있었다. 게임은 몇 안 되는 유료화가 가능한 콘텐츠라고 생각했기 때문이다. 광고를 통한 수익을 주 수익원천으로 한 사업모델이었지만 만약의 경우 콘텐츠 유료화를 통해서 회사를 지탱해나갈 수 있을 것이라고 생각하였다고 한다. 다음은 이에 대한 남궁훈 부문장의 의견이다.

나름대로 저희도 리서치를 좀 했었는데요, 그 때 미국이 인터넷 선진 시장이었으니까 … 미국에서 인터넷으로 돈을 버는 게 딱 두 가지밖에 없다고 하더라고요. 그 당시에는 그게 포르노, 그리고 게임 딱 두 가지라고 하더라고요. 사실 우리나라에서도 게임이 제일 먼저 유료화에 성공을 했고요. 그래서 이게 우리는 아무리 못 해도 유료화를 해서 회사가 먹고 살 수 있을 정도면 유저가 어느 정도 비용을 감당할 수 있겠다는 생각이 있었죠.

사실 유료화에 대해 굉장히 큰 기대는 하지 않았고요. 그 당시에만 해도 유료화 매출을 하나의 중심 매출로 생각한다기보다는 어느 순간에는 이게 매체가 되어서 방송, 신문, 라디오에 있는 광고를 우리가 유저와의 상호작용을 통해서 거기는 방송이나 신문은 일방향 커뮤니케이션이지만, 인터넷은 쌍방향 커뮤니

49) 이 인터뷰는 2004년 11월 25일 오전 11시부터 12시까지 1시간 동안 중앙대학교에서 한게임 부문장인 남궁훈 씨를 대상으로 실시하였다. 위정현, 정해광이 인터뷰어로 참여하였다.

케이션이니까 그 인터넷 매체의 광고적 매력은 훨씬 더 클 것이라는, 인터넷업계에서는 그렇게 전제를 했죠. (중략) 그 당시의 생각은 유료화를 통해서 적어도 회사가 망하지는 않겠다라는 정도로 접근을 했었죠.[50)]

### (3) 웹보드 게임의 개발과 서비스

앞서 언급한 바와 같이 한게임은 게임을 통해 사용자들을 모으려 했다. 이를 위해서는 '쉬운 게임'이 필요했다. 1990년대 후반 머드, 머그 게임이 인기를 얻고 있었지만, 이러한 게임의 사용자는 특정 계층에 국한되어 있는 경향이 있었다. 많은 사용자들을 모으는 도구로 게임을 이용하려 했던 한게임으로서는 이러한 머드, 머그 게임 이외의 대안이 필요했다. 즉 누구나 쉽게 언제 어디서나 웹사이트에 접속해서 즐길 수 있는 게임을 원했던 것이다. 이러한 생각에서 출발한 것이 고스톱, 바둑과 같은 보드 게임이었다.

보드 게임을 선택했던 또 하나의 이유는 제작의 간편성 때문이었다. 한게임 설립 당시 서비스를 하던 업체들은 인공지능[51)]을 개발하는 것에 열중이었다. 그러나 한게임은 사이트에 접속한 사용자가 컴퓨터와 게임을 하는 것이 아니라, 사이트에 접속해 있는 또 다른 사용자와 엮어 주는 방식을 도입했다. 이러한 방식을 도입하면 게임이 개발이 용이할 뿐만 아니라, 사용자들 간의 대화도 이끌어낼 수 있어 온라인게임으로서의 장점을 더욱 살릴 수 있었던 것으로 보인다. 이에 대한 남궁훈 부문장의 의견은 다음과 같다.

많은 사람들이 즐기는 게임이기 때문에 시장도 더 크다고 생각을 했고요, 그래서 사람들이 이미 많이 알고 있는 고스톱, 포커, 바둑, 테트리스 이런 이미 많이 알고 있는 게임으로 포커싱을 했었죠. 그리고 또 다른 면은 사실 이게 더 만들기가 쉽잖아요. 저희 게임의 특징은 인공지능이 없어요. 그러니까 사람과 사람을 매칭하기 때문에 우리가 바둑을 두어 주거나, 고스톱을 쳐 주거나 이런 게

50) 남궁훈 '한게임' 부문장과의 인터뷰에서.

51) 사람 대신 게임을 하는 인공지능.

아니고 그냥 사람과 사람을 매칭해서 그들이 게임을 하게 룰만 게임에 담아주면 되거든요. 그러기 때문에 사실 제작하기가 굉장히 쉽죠.[52]

1999년 문화관광부 산하 게임종합지원센터에 입주한 한게임은 같은 해 12월 고스톱, 테트리스, 지뢰찾기, 당구 이렇게 네 가지 게임으로 서비스를 시작한다.[53] 고스톱, 바둑과 같은 보드 게임을 온라인으로 서비스한 것이 한게임이 처음은 아니었다. 하이텔에서 서비스되던 고스톱을 비롯하여 바둑, 당구 등의 보드 게임이 이미 서비스되고 있었다. 그러나 PC 통신을 통해 게임을 서비스하던 게임개발업체들은 인터넷의 가능성을 보지 못하고 당시의 상황에 안주하고 있었던 것으로 보인다. 즉 PC 통신사가 사용자를 모아주고 과금도 대신 처리해 주는 상황에서 독자적인 인터넷 서비스를 강행할 유인이 없었던 것이다. 이는 1990년대 중반 기존 게임업체들이 가진 한계를 보여준다. 그들은 인터넷이 단순한 기술의 변화가 아니라 비즈니스 패러다임 전체의 변화를 가져올 것이라는 점을 인식하지 못하였다. 바꾸어 말하면 이는 PC 통신의 한계를 간파하지 못하였다는 것을 의미하기도 한다. 즉 인터넷 환경의 확산과 함께, 모뎀을 통한 네트워크 접속을 주요 서비스로 하는 PC 통신은 쇠퇴할 것이라는 사실을 알지 못한 것이다. 다가올 시장의 변화를 예견하고 있었던 한게임과 달리, 이들 업체들은 인터넷이라는 새로운 흐름을 읽지 못하였고 그로 인해 성장의 기회를 잃게 되었다. 이에 대해 남궁훈 부문장은 다음과 같은 견해를 밝혔다.

이런 이슈는요, 게임뿐만 아니라 어떻게 보면 유니텔이라는 회사가 왜 인터넷에서 사업을 경유하지 못하고, 여기에서 머물러서 망해가는가와 똑같은데요. 결정적인 원인은 PC 통신에서 어느 정도 돈을 벌고 있었기 때문이거든요. 그러니까 회사가 돌아가고 어느 정도 수익이 날 정도로 PC 통신에서 돈을 벌고 있는데 인터넷을 하려면 인터넷은 무료잖아요. 그러니까 사업의 본질을 변화시켜야

52) 남궁훈 '한게임' 부문장과의 인터뷰에서.

53) "네이버와의 합병 '한게임' 김범수 사장," 조선일보, 2000년 5월 19일 기사.

하는 거에요. 그러니까 B2C 사업에서 B2B 사업으로 전환을 시켜야 되는데 그 전환을 시키기에 엄두도 못 냈던 것도 있고, 기존 것을 포기하고 할 만큼 시장이 이렇게 갈 것이라는 것도 크게 예측을 못한 … 그래서 게임업체도 그렇고, PC 통신 업체들도 그렇고 약간 도태되었던 것 같아요.[54]

### (4) 한게임의 특징 – 웹보드 게임

고스톱, 포카 등 한게임이 제공하는 게임은 용량이 작고 비교적 간단하여 게임 개발이 용이한 편이다. 보통 게임의 개발에는 한 명의 디자이너, 두어 명이 프로그래머가 참여하며, 디자인은 한 사람이 여러 개의 게임을 맡기도 한다. 라이브러리 기반으로 게임 개발을 개발하기 때문에 게임 개발 기간이 비교적 짧다.

한게임의 사용자는 한게임 웹사이트에 들어가 원하는 게임을 선택하고, 사이트 내에 다수 개설되어 있는 게임 룸에 들어가서 게임을 한다. 이 때 자신이 선택한 게임에 따라 3~5MB의 클라이언트 프로그램을 내려 받게 된

〈그림 Ⅳ – 15〉 '한게임' 게임 접속화면(예: 고스톱)

자료: 한게임 웹사이트(http://www.hangame.com)

54) 남궁훈 '한게임' 부문장과의 인터뷰에서.

〈표 Ⅳ－13〉 한게임 유료 서비스 구성(2003년 말 기준)

| 유료 서비스 | 수입의 구성비 | 내용(예) |
|---|---|---|
| 부가적 서비스<br>(1개월 유효) | 80~85% | · 서버가 혼잡과 관계없이 네트워크 품질을 보장받을 수 있는 특별회선<br>· 게임의 개최, 룰 설정 등의 권리가 있는 슈퍼 호스트<br>· 패스워드 설정으로 제한된 사용자들과 게임 참여 |
| 아바타 아이템 | 15~20% | · 게임 내 아바타의 장식 아이템<br>· 사용제한을 해제하는 리필 아이템 |

다. '포트리스2' 등 다른 온라인게임이 웹브라우저와는 별도의 클라이언트 프로그램을 통해 게임에 접속하게 되어 있는 것과 달리, 한게임은 웹브라우저를 통해서만 게임을 시작할 수 있다. 이는 특정 게임을 전문적으로 서비스하는 것이 아니라 다수의 게임을 함께 서비스하는 한게임의 특성 상, 사용자가 여러 개의 게임에 참여할 수 있도록 유도하기 위한 것이라고 한다.[55] 웹브라우저를 통해 사용자가 접속하게 되면 자신이 주로 하는 게임 이외의 다른 게임에도 접근할 가능성이 높아진다는 것이다.

한게임의 수익은 부가적인 유료 서비스와 아바타 아이템의 판매로부터 얻어진다. 예를 들면 고스톱의 경우 게임참여 회수가 500회를 초과하면 그 이후로는 1일 5회까지밖에 참여할 수 없다는 제한이 있다. 이 제한을 해제하기 위해서는 충전이라고 하는 아바타 아이템을 구입해서 사용하든지 아니면 1개월간 유효한 부가서비스 권리를 구입해야 한다. 화투의 등록회원 400만 명 가운데, 부가서비스 권리를 구입한 유저는 20만 명, 충전을 구입한 유저는 40~50만 명으로 추정되고 있다.

그 외에도 다양한 부가적 서비스가 유료로 제공되고 있으며, 또한 사이트 내에서는 유저는 아바타를 갖고 있어서 아바타 아이템을 구입해서 몸치장을 할 수 있다. 〈표 Ⅳ-13〉은 한게임의 부가 서비스와 아바타 판매 수입을 나타낸 것이다.

---

55) 남궁훈 '한게임' 부문장과의 인터뷰에서.

### (5) 한게임의 성장 – PC 방을 이용한 마케팅 전략

한게임이 서비스를 개시한 당시 비슷한 종류의 게임을 서비스하는 인터넷 업체들도 하나 둘씩 생겨나고 있었다.[56] 이러한 상황에서 한게임은 PC 방을 통한 마케팅 전략으로 대중성을 확보하고 경쟁업체와의 차별화에 성공한다. 한게임의 마케팅 전략은 1998년 설립 초기부터 한게임이 병행하고 있던 PC 방 사업에서 아이디어를 얻은 것이다. 당시 한게임은 PC 방 관리 프로그램을 유료로 판매하고 있었는데, 이 소프트웨어를 PC 방에 무료로 제공하는 대신 PC 방 컴퓨터의 웹 브라우저 홈페이지를 한게임의 웹사이트로 바꾸는 전략을 세웠다. 이러한 마케팅 전략의 결과는 성공적이었다. 이후 사용자수가 급속도로 늘어나 서비스 시작 3개월 후 회원수가 100만 명을 넘어섰고, 2000년 4월에는 회원 수 300만 명, 하루 1,000만 페이지뷰를 기록하기에 이르렀다.[57] 다음에 당시 상황에 대한 남궁훈 부문장의 설명이다.

> 성공의 의미는 서비스보다 마케팅에 있다고 보는데요 저희가 그 마케팅을 할 때 나름대로 조사를 해서 사람들이 게임을 할 때 어디서 게임을 하고 있나 설문을 했었어요 근데 그때 당시에 90%에 가까운 이용자들이 고스톱 게임도 PC 방에서 했던 거예요 당시 스타크래프트가 유행을 했었고 … 스타크래프트가 주식이면 저희 게임은 간식 같은 게임이 되는 거죠. (중략) 저희가 PC 방 체인사업을 했었고 또 PC 방을 돌아다니면서 관리프로그램을 팔았었고 … 그러다 보니 관리프로그램을 통해서 마케팅을 할 수 있다는 모티브를 찾았거든요 그래서 그때 232만 원 주고 팔았던 PC 방 관리프로그램이 있었는데 … (중략) 이걸 쓰는 대신에 웹브라우저 초기화면을 우리가 원하는 걸로 해야 했어요 또 이 프로그램을 설치할 때 한게임을 같이 설치하고 바탕화면에 아이콘들을 내놓았죠. 그러면서 폭발적 성장을 하고 대중성을 확보하게 되니까 경쟁업체가 따라오지 못했던 거죠.[58]

56) "무료게임코너/전적 관리하며 즐기는 게임사이트," 경향신문, 2000년 4월 4일 기사.
57) "네이버와의 합병 '한게임' 김범수 사장," 조선일보, 2000년 5월 19일 기사.

당시 한게임의 성공은 게임 시장에 새로운 비즈니스 모델을 제시하였다. 한게임 설립 당시 대부분의 온라인게임 사이트가 특정 게임 서비스를 유료로 제공하는 전문적인 게임 사이트였던 것과 달리, 한게임은 여러 가지 간단한 게임으로 사용자들을 모으고 광고로 수익을 내는 포털 개념의 사이트였다. 그러나 한게임의 성공과 함께, 유사한 형태의 게임 포털이 잇따라 등장하게 된다. 2000년 5월 현재 50여 개의 게임 포털이 존재하였고, 보드 게임뿐만 아니라 머그 게임, 만화 등의 콘텐츠를 함께 제공하는 등 다양한 형태의 사이트가 파생되었다.[59]

### (6) 네이버와의 합병

2000년 초 회원수가 1,000만 명에 이르렀지만 한게임은 많은 사용자를 감당할 만한 시스템을 갖추고 있지 못했다. 또한 브랜드 인지도 및 마케팅 역량이 부족하여 경영 상의 어려움을 겪고 있던 시기였다. 한게임은 이러한 위기를 네이버와의 합병으로 해결하고자 하였다. 당시 100억 원 대의 투자를 받고도 수익모델의 부재로 고심하고 있던 네이버는 사용자를 포털에 머무르게 하기 위한 방안으로 한게임을 선택했고, 한게임은 네이버의 브랜드 인지도 및 마케팅 역량을 활용하려 한 것이다.

한게임과 네이버의 합병은 국내 비즈니스에서 몇 안 되는 성공적인 인수 합병 사례로 남고 있다. 게임 자체만으로 볼 때 뚜렷한 시너지는 없다는 평가를 받고 있기는 하나, 한게임은 합병을 통해 게임업체로서 가진 취약점을 보완할 수 있게 된 것으로 보인다. 당시 다른 게임업체와 마찬가지로 비교적 자유분방한 분위기였던 한게임과 달리 네이버는 체계적인 운영 시스템을 가지고 있었다. 이러한 네이버의 기획력, 조직 및 인력 체계, 경영 마인

---

58) 남궁훈 '한게임' 부문장과의 인터뷰에서.

59) 게임조선, 배틀탑, 아자아자, 조이포유, 게임메카 등의 게임포털이 존재하였다.("SW무료제공에 내기 시합까지, 불붙은 게임포털 대전쟁," 조선일보, 2000년 4월 28일 기사) 이 밖에도 네오장기, NG-NET, cardTop, game114, 넷게임, 게임에버랜드 등이 있다.("무료게임코너/전적관리하며 즐기는 게임사이트," 경향신문, 2000년 4월 14일 기사).

드 등은 한게임이 기업으로서의 면모를 가지고 일정한 궤도에 올라서는 데 중요한 역할을 하였다.

### (7) 인터넷 기업의 위기 – 부분 유료화를 통한 위기 해결

2000년 닷컴 버블이 사라지기 시작하면서 인터넷 업체들은 생존을 위한 방안으로 유료화를 선택하려 한다. 한게임도 마찬가지였다. 주수입원이던 광고매출이 급격히 감소하는 상황에서 유료화 없이는 더 이상 회사를 운영할 수 없는 상태였다. 그러나 인터넷 콘텐츠 유료화에 대한 사용자의 반발이 극심했던 시점에서 무조건 유료화를 강행할 수도 없었다.[60] 사용자의 이탈 등 유료화에 따른 부작용도 고려하지 않을 수 없었기 때문이다. 이러한 고민의 결과로 나온 것이 부분 유료화이다.

한게임보다 몇 달 앞선 2000년 11월, 네오위즈의 '세이클럽'이 부분 유료화가 시작되었다. 채팅 사이트인 세이클럽은 휴대전화를 통한 소액결제 서비스를 이용하여 아바타와 관련된 아이템을 판매하였다.[61] 한게임도 같은 방식의 유료화, 즉 부분 유료화를 도입하였다.

2001년 3월부터 실시된 한게임의 유료화는 두 가지 방식으로 이루어졌다. 하나는 아이템의 판매로, 기존 테트리스, 고스톱, 윷놀이 등의 게임을 다양하게 할 수 있는 아이템을 100~600원 정도에 판매하는 것이다. 다른 하나는 월 이용료를 받는 것으로, 월 8,400원으로 한게임의 모든 게임을 이용할 수 있게 하였다. 이러한 유료화 방식은 사용시간이 긴 사용자에게는

---

60) 2000년 말 심마니라이프가 인터넷 사용자 2만 명을 대상으로 실시한 설문조사에 따르면, 응답자의 54.6%가 '인터넷은 무료로 써야 한다'고 대답하였다. 2001년 1월 '한게임'이 실시한 면접조사에서도 응답자의 62.5%가 기존 사이트가 유료화될 경우 금액과 콘텐츠를 보고 이용여부를 결정하겠다고 답했다. (조선일보, 2001.02.02, 닷컴 공짜없다 선언/인터넷 콘텐츠 돈내고 보세요)

61) 아바타란 힌두교(Hinduism)에서 화신(化身)을 의미하는 단어로, 게임 상의 유저를 상징하는 캐릭터이다. 사용자는 아바타 비즈니스 사이트에서 우선 자신의 캐릭터의 체형을 선택한 후, 가발, 의복, 구두 등을 배합시켜 자신과 가장 닮은 캐릭터를 만들어낸다. 아이템이라고 불리는 가발, 의복, 구두 등은 유료이며, 이들 아이템의 결제가 휴대전화에 의한 결제 시스템의 보급에 공헌했다.

아이템 판매 등을 통해 요금을 받고 사용시간이 짧은 사용자들은 무료로 게임을 할 수 있게 한다는 취지에서 이루어진 것이라고 한다.

> '어차피 게임을 몇 판 이상한 사람은 중독자다. 이 사람은 게임 안 하고서는 안 된다' 그런 생각이 있었고, '라이트 유저(Light User)는 돈내라고 하면 안 할 사람들이다.' 이렇게 사실 판단을 했었죠. 그래서 라이트 유저는 그냥 무료로 즐기고 헤비유저(Heavy User)들은 그만큼 우리 게임 많이 하고 서버도 많이 잡아먹고, 트래픽(traffic)도 많이 발생시키고 … '재미를 그만큼 가져가니까 하루에 300원 가치도 없나' 이런 거였죠.[62]

많은 사용자의 반발에도 불구하고 한게임의 유료화는 성공적이었다. 유료화 첫 날 5,000만 원이 넘는 매출을 올렸고, 한 달 만에 매출이 7억 원에 이르렀다. 그러나 유료화에 따른 부작용도 있었다. 먼저 10대 사용자의 이탈이 발생했다. 인터넷의 주 사용층인 10대는 가격탄력성이 매우 높은 집단이다. 한게임의 유료화되면서 10대 사용자들은 무료 사이트인 넷마블로 상당 부분 이동했다.[63] 이러한 경향은 현재에도 유지되고 있어, 넷마블의 주요 고객이 10대와 20대 초반인 반면 한게임의 주요 고객은 30대 이후이다. 다음은 남궁훈 부문장의 설명이다.

> 십대는 일단 돈내라 하면 어떤 상황에서도 무조건 외면을 하고 … 그 어떻게 보면 레이더가 잘 발달 되어가지고 어디에 뭐가 다 아는 거예요. 그래서 이미 넷마블의 존재를 알고 '저기는 무료다. 저리가자' 우르르 움직이고 편가르기해서 … (중략) 그래서 십대들이 우르르 빠져나가는 거죠. 여기서 게임을 해도 돈을 안내지만 그냥 이게 기분 나쁘다 이거죠. (중략) 저희가 한게임 오픈할 때 십대가 90%였거든요. 로그인 유저 중 십대가 90%였어요. 물론 방학 때였는데 … 그랬는데 유료화 때 십대가 확 빠져나갔고, 그 이후로 계속 빠져나가고 20대도 빠져나가서 … 지금은 이제 20대 후반만 남아 있거든요.[64]

---

62) 남궁훈 '한게임' 부문장과의 인터뷰에서

63) 넷마블은 '한게임'의 경쟁업체 중 하나로, 웹사이트를 통해 보드 게임을 서비스하고 있다.

〈그림 Ⅳ-16〉 게임 아이템 구매화면

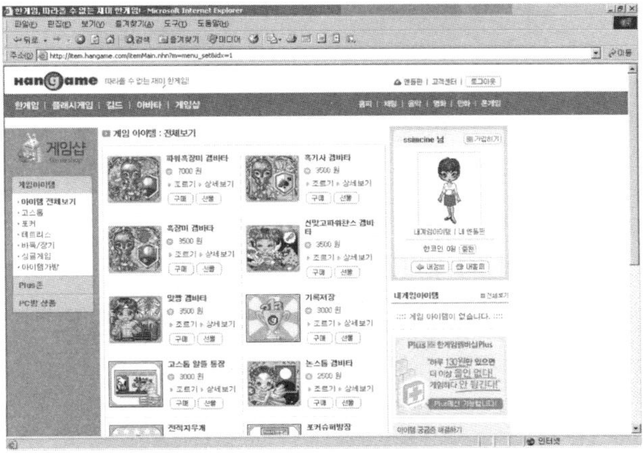


자료: 한게임 웹사이트(http://www.hangame.com)

한게임의 유료화는 게임 시장뿐만 아니라 전체 인터넷 시장에서도 의미를 가진다. 인터넷 콘텐츠의 유료화에 성공한 드문 사례이기 때문이다. 인터넷 콘텐츠 유료화에 상당한 반감을 가지고 있던 시점에서 비교적 성공적으로 이루어진 한게임의 유료화는, 사용자들이 사이버 머니 충전, 아이템 판매 등 인터넷 서비스 유료화에 익숙해지는 데에 일정 부분 기여한 것으로 보인다. 한게임 유료화의 성공은 다른 인터넷 콘텐츠의 유료화를 촉발시켰다.

### (8) 한게임의 의의

한국 온라인게임산업사에서 한게임이 가지는 가장 중요한 의미는 온라인게임의 사용자층을 대폭 확대했다는 점이다. 이전까지 특정 계층을 통해서만 이루어졌던 온라인게임은 한게임을 통해 대중에게 새롭게 인식되기 시작했다. 물론 '포트리스2' 와 같은 캐주얼 게임도 이러한 사용자층의 확대에 일정 부분 기여한 바 있다. 하지만 한게임은 고스톱, 당구 등과 같이 누구나 할 수 있는, 아니 이미 알고 있는 게임을 온라인으로 옮겨 놓으며, 여성, 노

64) 남궁훈 '한게임' 부문장과의 인터뷰에서.

년층 사용자가 거부감 없이 온라인게임에 다가설 수 있도록 하였다. 온라인게임과는 거리가 멀 것으로 보이는 사용자들을 온라인게임시장으로 이끄는데 결정적인 역할을 한 것이다.

한게임은 웹보드 게임이라는 새로운 형태의 게임 사업 모델을 제시했다. 이것이 한게임이 가지는 두 번째 의의이다. 물론 이전에도 한게임과 같은 형태의 게임은 존재했다. 그러나 웹보드 게임이 성공할 수 있다는 것을 보여준 것은 한게임이다. 한게임의 성공은 온라인게임으로서 웹보드 게임이 가지는 특성을 정확히 이해하고 있었기 때문에 가능했다. 한게임에서는 시간과 장소에 구애받지 않고 누구나 쉽게 게임을 즐길 수 있고, 다른 사용자와 만나서 대화도 나눌 수 있다. 또한 아바타 등의 부가 서비스도 제공받을 수 있다. 이렇게 한게임은 게임뿐만 아니라 인터넷 커뮤니티로서의 역할에도 충실했던 것이다.

한게임의 또 다른 의의는 부분 유료화의 성공적인 사례라는 점이다. 한게임의 성장과정을 살펴보면 국내 인터넷 기업의 변천사를 살펴볼 수 있다. 1999년 광고를 기반으로 한 사업모델로 인터넷 사업에 뛰어들었지만, 2000년 인터넷 광고 시장의 쇠퇴로 위기를 맞았고, 2001년 부분 유료화로 위기를 타개하며 인터넷 기업의 다음 단계를 보여준 대표적인 사례인 것이다. 이는 게임산업사적 측면에서도 중요한 의미를 갖는다. IP 위주의 과금체계를 가진 머그 게임이나 기타 캐주얼 게임업체들도 아이템 판매와 같은 부분 유료화를 확대한다면 사용자의 반발을 최소화하고 나아가 보다 안정적인 수익구조를 가져갈 수 있을 것이라는 점에서 시사하는 바가 크다.

### 4) CCR의 '포트리스'

'단군의 땅', '쥬라기 공원'과 같은 머드 게임으로 시작한 온라인게임은 1990년대 후반 '바람의 나라', '리니지' 등의 머그 게임으로 발전하며 그 명맥을 이어오고 있었다. 1998년 '리니지'의 성공과 함께 머그 게임은 급속도로 성장하게 된다. PC 방이 활성화되고 게임산업의 시장성이 입증되면서

〈표 Ⅳ-14〉 CCR 연표

| 연월 | 내용 |
|---|---|
| 1995. 3. | (주) CCR로 법인화 |
| 1996. 11. | 하이텔 인포샵 게임 IP 개발, 천리안 매직콜 게임 IP 개발 |
| 1998. 5. | SK 텔레콤 "NETSGO: 2차 버전 개발 |
| 2000. 4. | 라이코스코리아와 전력적 제휴, '포트리스2' 회원수 200만 명 돌파 |
| 9. | '포트리스2' 회원수 500만 돌파, '포트리스2 대한민국 게임대상 수상 |
| 2001. 1. | '포트리스2 블루' 발표 |
| 5. | 제2회 CCR컵 온게임넷 '포트리스2 블루' 게임대회 개최 |
| 12. | '포트리스2 블루 V.500' 발표<br>'포트리스2 블루' 문화관광부 주관 올해의 캐릭터 Best 10선정<br>'포트리스2 블루' 정보통신부 주관 대한민국 게임 캐릭터 대상 수상<br>'포트리스2 블루' 대한민국 게임대전 캐릭터 부문 특별상 수상 |
| 2004. | RF온리인 3차 클로즈베타 실시 |

〈그림 Ⅳ-17〉 CCR 웹사이트

자료: CCR 웹사이트(http://www.x2game.com)

많은 자금이 게임시장으로 유입된다. 게임개발업체들은 앞다투어 머그 게임을 출시했고 당시 한국 온라인게임시장은 머그 게임 일색이었다 해도 과언이 아닐 것이다. 이러한 환경 속에서 1999년 또 한번 온라인게임시장의 변화가 시작된다. 한게임과 '포트리스'가 등장한 것이다.

'포트리스2'는 온라인게임시장에 캐주얼 게임이라는 새로운 장르를 만들어냈다. 중독성 강하고 어두운 이미지의 머그 게임과 달리, '포트리스2'는 밝은 분위기에서 누구나 쉽게 배울 수 있어 여성이나 중·장년층에게 좋은 반응을 얻었다. 다양한 계층의 사용자가 온라인게임이 참여할 수 있게 했다는 점은 온라인게임산업사에서 '포트리스 2'가 가지는 가장 중요한 의의이다.

### (1) CCR의 설립과정 및 초기단계

CCR은 1995년 한양대학교 전산학과 대학생에 의해 설립되었다. 당시 소프트웨어 개발자들의 모임인 삼성전자 소프트웨어멤버십 회원으로 활동하던 윤석호 사장이 친구 5명과 함께 IT 관련 사업을 시작한 것이다. 처음부터 게임 개발에 주력한 것은 아니었다. 초기 CCR의 주요 사업영역은 시스템 통합(SI) 서비스였다. 설립 초기였던 1995년에는 포스코 인텔리전트 빌딩 시스템을 구축하였으며, 1996년에는 한솔텔레콤 무료 광고 인터넷 시스템을 개발하는 등 주로 인터넷 관련 SI를 담당하였다.

이러한 CCR의 개발력이 시장의 주목을 받기 시작한 것은 1996년 발표한 변형 브라우저 'X2웹'에서부터이다. 'X2웹'은 사용자가 접속하는 홈페이지 주소에 따라 기업의 로고나 상표, 상품 등으로 모양이 변하는 브라우저였다. 물론 이 또한 게임과 직접적인 관련이 있었던 것은 아니다. 그러나 이 브라우저는 CCR을 시장에 알리는 데 중요한 역할을 하였다. 1999년 5월 일본 소프트뱅크 손정의 회장에게 250억 원의 투자를 받게 된 것이다. 당시 손정의 회장은 별도로 20억 원을 투자해 동경에 CCR저팬이라는 합작법인까지 설립할 만큼 X2웹에 관심을 보였다고 한다.[65]

---

65) "'CCR저팬' 합작설립-日서 게임, 인터넷사업," 경향신문, 1999년 9월 13일 기사.

### ① '포트리스'의 개발과 서비스

게임개발업체로서의 CCR은 1998년부터이다. CCR은 '포트리스 2'라는 게임을 서비스하며 게임개발업체로서의 면모를 갖춰나가기 시작하였다. 기존의 머드 게임이나 머그 게임은 매니아적 성격이 강했다. 사용자층이 좁고 중독성이 강한 게임으로, 이러한 게임의 중독성은 사회적 문제를 유발하기도 하였다. '포트리스2'는 이러한 머그 게임의 약점을 놓치지 않았다. 캐주얼 게임이라는 신조어를 만들어내며 온라인게임시장에 등장한 '포트리스2'는 많은 사람들이 쉽고 편하게 즐길 수 있는 게임을 표방했다.

인터넷 관련 SI업체로서 SK텔레콤의 PC 인터넷 서비스인 '넷츠고'의 개발을 맡았던 CCR은 '포트리스2'의 전신인 '포트리스1'을 넷츠고에서 처음 서비스하였다. 그 당시 넷츠고에는 많은 수의 콘텐츠가 서비스되고 있었는데 '포트리스 1'은 조선일보 뉴스보다도 인기 있는 콘텐츠였다고 한다.[66] 넷츠고를 통해 게임의 시장성을 확인한 CCR은 1999년 말 '포트리스 2'를 독자적으로 서비스한다. 1999년 말 오픈 베타 서비스가 시작된 '포트리스 2'는 서비스한 지 채 6개월이 지나기 전에 350만 명의 회원을 확보하였다.[67] 그리고 온라인게임시장에 '캐주얼 게임'이라는 새로운 장르를 만들어냈다.

### ② 게임의 특징

'포트리스2'는 턴(turn)제 방식으로 서로 번갈아가며 포를 발사해 상대방 탱크의 에너지를 닳게 하거나 맵에서 떨어뜨리면 이기는 게임이다. '포트리스2'는 게임 진행방식이 매우 간편하여 누구나 쉽게 배울 수 있다. 스페이스바와 방향키의 조작만으로도 게임이 가능하다. 이러한 조작의 간편성은 '포트리스2'의 최대 강점으로 다양한 계층의 사용자의 반응을 이끌어냈다.

---

66) 이 인터뷰는 2004년 9월 13일 CCR 본사에서 3시부터 4시 30분까지 CCR대표인 윤석호 씨를 대상으로 실시하였다. 위정현, 정해광, 심명화가 인터뷰어로 참여하였다.

67) "'포트리스 2'로 세계 점령한다 … 27세사장 윤석호 씨," 동아일보, 2000년 7월 17일 기사.

'포트리스 2' 는 당시 온라인게임으로서는 드물게 10대부터 80대에 이르는 폭넓은 연령대의 사용자를 보유하고 있었으며 여성 사용자의 비율도 40%에 이르렀다고 한다.[68]

'포트리스2' 가 가진 또 하나의 강점은 배우기는 쉽지만 결코 단순한 게임은 아니라는 것이다. 언뜻 보면 너무 단순해 초보에게나 어울릴 것 같은 게임이지만 게임횟수가 거듭될수록 상대 탱크의 위치, 바람의 속도 및 방향, 각도 등을 고려해 포를 발사해야 한다. 의외로 다양한 전술과 탱크별 팁(tip)에 빠져 들어가게 되는 것이다. 한번 손대면 헤어나오기 힘든 '포트리스 2' 의 매력포인트와 중독성은 바로 여기에 있다. 1 대 1 개인전부터 4 대 4 팀전까지 한 번에 8명까지 참여할 수 있다. 화면 하단에 마련된 대화방에는 포가 발사될 때마다 환호와 찬사, 비난과 야유가 쏟아지고 고수들에 의한 훈수와 해설도 곁들여진다. '포트리스 2' 를 개발한 CCR의 윤석호 사장은 이에 대해 다음과 같은 의견을 밝혔다.

> 우리나라 사람들은 각과 힘을 조절하는 게임을 선호합니다. 대표적인 예가 당구이죠. 룰은 간단하지만 … 아무도 당구를 간단한 게임이라고 얘기하지 않지 않습니까 … 우리가 원했던 것이 이런 것이었습니다. 룰 자체는 간단하지만 게임 자체를 심오할 수 있는 게임을 하자 해서 시작했습니다.[69]

'포트리스 2' 에 등장하는 탱크는 총 13대다. 이들 탱크마다 각각의 특성이 있으며 천적관계를 추가시켜 사용자들의 재미를 더했다. 즉 어느 탱크가 더 낫다는 평을 하기는 힘들지만 상대로 천적을 만나게 되면 힘든 전투를 해야 하기 때문이다.

'포트리스 2' 의 공격은 간단하다. 바람의 세기와 각도를 스페이스로 조절해 상대방 탱크를 맞추면 된다. 게임도중 발생하는 변수로는 안개, 회오리, 눈, 불붙은 돌, 증폭벽 등 5가지가 있으며 이를 잘 활용하면 게임을 유리한

68) CCR 윤석호 사장과의 인터뷰에서.

69) CCR 윤석호 사장과의 인터뷰에서.

〈그림 Ⅳ-18〉 '포트리스2' 의 탱크

자료: CCR 웹사이트(http://www.x2game.com)

상황에서 진행할 수 있다. 이중 회오리 발생이 가장 큰 변수인데 바람의 세기와 방향에 따라 회오리샷을 구사할 수 있다. 포의 특성 상 높은 지형에서 낮은 지형으로 지형지물을 이용하는 것도 한 방법이지만 탱크마다 공략이 다소 차이가 있어 종류에 따라 판단해야 한다.

### (2) '포트리스 2' 의 유료화 – '포트리스 2 블루'

1990년대 후반 온라인게임은 급속한 성장을 보였지만 한 가지 걸림돌이 존재했다. 바로 유료화 모델을 찾는 문제였다. '리니지', '영웅문' 등의 머그 게임은 월정액 방식을 채택, 유료 모델의 문제를 피해 갔다. 그러나 '포트리스 2' 의 경우에는 사정이 달랐다. 게임을 무료로 서비스하고 있었기 때문이다. 당시 '포트리스 2' 유료화에 대한 사용자들의 반응은 매우 부정적이었다. 하지만 닷컴 버블이 사라져가던 2000년의 CCR에게 유료화는 반드시 넘어야 할 산이었다. 유료화 모델을 찾기 위해 고심하던 CCR이 내놓은 결론은 PC 방 유료모델이었다. 당시 온라인게임을 주로 즐겼던 장소가 PC 방인 점을 감안했을 때 적절했다는 평가를 받기도 하지만, PC 방 유료모델은 PC 방을 운영하고 있는 사업주들과의 마찰을 불러일으켰다. 당시 PC 방 협회에서는 CCR 회사를 직접 방문하고 대대적인 시위를 펼치는 등 PC 방 유료모델에 강하게 반발했다.

'포트리스 2' 의 유료화에 따라 '포트리스 2' 는 '포트리스 2 블루' 가 되었다. CCR은 2001년 1월 2일부터 PC 방을 대상으로 PC 40대 기준으로 '포트

〈그림 Ⅳ－19(a)〉 '포트리스 2' 게임화면

자료: CCR 웹사이트(http://www.x2game.com)

리스 2 블루' 사용 IP당 월 5,425원의 사용료를 받기로 하였다(〈표 Ⅳ－15〉 참조). 당시 CCR은 서버운영에 따른 적자폭을 줄이고, 회원에게는 유료 서비스를 제공하지 않겠다는 약속을 지키기 위해 PC 방을 대상으로 유료화를 했다고 밝혔다. 대신 PC 방을 위해서는 PC 방 전용 서버를 35대 이상 추가로 확보해 보다 향상된 서비스를 제공하겠다고도 했다. 그러나 PC 방 협회의 반응은 부정적이었다. 유료화에 따른 개인사용자의 반발을 PC 방에 모두 떠맡기고 있다는 주장이었다.[70]

2000년 12월 유료화 발표 이후 계속되던 PC 방 협회와의 마찰은 2001년 1월 10일 CCR과 한국인터넷멀티문화협회, 한국인터넷플라자협회 등 주요 PC 방 협회의 협약서 체결로 마무리되었다. 문화관광부 중재로 이루어진 이 협약은 같은 해 3월까지 3개월 동안 '포트리스 2'의 유료화 서비스인 '포트리스 2 블루'를 PC 방 업소당 16만 5,000원(PC 40대 기준)만 받고 제공한다는 내용이었다. 그리고 4월 이후의 과금체계에 관해서는 향후 협상을 계

70) "온라인게임 업체들 '생존게임'," 경향신문, 2000년 12월 21일 기사.

〈그림 Ⅳ-19(b)〉 '포트리스2' 게임화면

자료: CCR 웹사이트(http://www.x2game.com)

〈표 Ⅳ-15〉 유료화 당시 PC방 요금체계-IP 개수에 따른 요금표[71]

| 5대 이하 | 6~40대 | 41~60대 | 61~80대 | 81~100대 | 101대~ |
|---|---|---|---|---|---|
| 40,000원 | 217,000원 | 326,000원 | 392,000원 | 435,000원 | 500,000원 |

속해 나가기로 했다.[72]

어려움 끝에 시작한 '포트리스 2'의 유료화는 순조롭게 이루어졌다. 유료화 당일 CCR 측이 준비한 서버는 모두 10대로 3만 6,000명이 동시에 다운받을 수 있는 용량이었는데, 다운로드 18시간 만에 서버 과부하로 인한 서비스를 중단할 수밖에 없을 정도였다고 한다. 그러나 장기적인 입장에서 볼 때 PC 방을 대상으로 하는 '포트리스2'의 유료화는 많은 약점을 가지고 있었다. PC 방 업주들과의 마찰이 대표적인 예이다. 타협을 통해 유료화가 시작되었다고는 하나 이미 불거진 갈등은 PC 방 업주들이 CCR에 대한 반감

71) CCR 내부 자료.

72) "'포트리스2' 유료화 '매듭' /CCR-피시방업계 협약," 한겨레, 2001년 1월 11일 기사.

〈표 Ⅳ-16〉 2004년 11월 현재 PC방 요금체계-IP 개수에 따른 요금표[73]

| 1대 | 2대 | 3~40대 | 41~60대 | 61~80대 | 81~100대 | 101대~ |
|---|---|---|---|---|---|---|
| 40,000원 | 80,000원 | 99,000원 | 150,000원 | 180,000원 | 200,000원 | 230,000원 |

을 가지기에 충분했다.

PC 방 과금이라는 새로운 형태의 과금 방식을 도입한 CCR은 2004년 11월 현재 기존 사용료보다 50% 이상 할인된 가격으로 '포트리스2 블루' 이용료를 받고 있다(〈표 Ⅳ-16〉 참조). 그리고 이에 대한 대안으로 부분 유료화를 실시하고 있다. 이에 대해 CCR은 'PC 방 업주들의 불만을 해소하는 한편, 오랜 기간 동안 '포트리스'를 이용해 온 핵심 커뮤니티를 더욱 강화하기 위한 일환'이라고 설명했다. '포트리스2 블루'의 아이템은 특수 문자를 이용한 아이디 변경, 컬러 채팅, 비밀방 개설, 계급 속이기, 무한접속 등이다.[74]

## 4 2003년 이후의 온라인게임시장

그래픽 기반 온라인게임시장은 1996년 넥슨의 '바람의 나라'를 시작으로 해서 1998년 엔씨 소프트의 '리니지'를 기점으로 크게 성장하게 된다. 게임의 장르 역시 RPG뿐 아니라 캐주얼 게임, 보드 게임, 스포츠 게임 등의 다양한 장르가 개발되어 서비스되고 있다.

2003년 이후의 한국 온라인게임시장은 엔씨 소프트의 '리니지2'와 CCR의 'RF 온라인' 같은 '대작(大作)'이라고 불릴 만큼 거액의 투자를 통해 개발된 완성도 높은 게임들이 대거 등장했다. 뿐만 아니라 RPG, 스포츠게임, 웹보

73) CCR 내부 자료.

74) "CCR, '포트리스2 블루' 부분유료화," 디지털타임스, 2004년 8월 9일 기사.

드 게임 등의 다양한 장르가 공존하며 서로 경쟁하는 양상을 보이고 있다.

### 1) 3D 기반 온라인게임 '리니지2: 혼돈의 역사'

'리니지'의 속편인 '리니지2(혼돈의 역사)'는 2년간 70명의 제작인력 및 100억 원이 투자되어 개발된 게임으로 2003년 10월 상용서비스된 이후 '리니지'와 더불어 MMORPG의 대표적인 게임이라고 할 수 있다.

'리니지2'의 시간적 배경은 전편보다 150년 전으로 거슬러 올라간다. 통일 직후의 아덴 왕국을 무대로 한 이 게임은 캐릭터와 배경그림이 모두 화려한 3D 그래픽으로 처리된 것이 특징이다. 뿐만 아니라 왕국의 통치권을 이양하는 시스템이나 신용경제의 도입 등 게임에 사용하는 아이템이 보다 다양해졌으며 선택할 수 있는 캐릭터도 많아졌다.

그러나 이에 비해 조작법은 한결 쉬워졌다는 평을 받고 있다. 예를 들어 시점변화는 '리니지2'에서 매우 중요한 기능으로, 3D 온라인게임이므로 수시로 전후좌우의 현재 상황을 살펴볼 필요가 있는데 이때 마우스가 이런 시점변화에 매우 중요한 역할을 한다. 예를 들어 마우스 오른쪽 버튼을 드래

〈그림 Ⅳ-20〉 '리니지2' 공성전 화면

자료: 리니지 웹사이트(http://www.lineage.co.kr/)

〈표 Ⅳ-17〉 '리니지2' 국내 접속현황[75)]

| 구분 | 2003년 12월 | 2004년 3월 | 2004년 6월 | 2004년 9월 |
|---|---|---|---|---|
| 서버수 | 25 | 27 | 28 | 30 |
| 최대 동시접속자수 | 112,405 | 110,086 | 110,215 | 127,850 |
| 일간 접속 | 279,630 | 297,073 | 336,534 | 352,863 |
| 월간 접속 | 96,210 | 903,626 | 1,078,491 | 1,140,717 |
| 개인계정 | 163,696 | 153,043 | 162,870 | 180,641 |

그할 경우 원하는 방향으로 방향을 전환할 수 있으며, 클릭할 경우는 캐릭터가 바라보는 방향으로 전환되는 등 간편한 마우스 조작을 통해 쉽게 게임을 진행할 수 있다.

또한 플레이어들이 방대한 가상 세계를 실제로 탐험하고 있다는 느낌을 주기 위해 필드, 마을, 던전을 통틀어 하나의 거대한 존으로 제작하는 심리스 방식을 채택하여 전체 맵을 통째로 조망할 수 있다. 이로 인해 지역 간 이동시간이 필요 없어지고 광대한 가상세계를 하나의 화면 속에서 즐기는 것이 가능하다.

다음의 표에서 보다시피 '리니지2'의 국내 이용자 수는 꾸준히 증가 추세에 있으며 이는 지속적인 업데이트를 통해 기존회원의 로열티를 높이고 신규고객 확보에 노력한 결과라고 할 수 있다.

## 2) 네오위즈의 피망

커뮤니티 사이트의 이미지에서 벗어나기 위해 세이클럽 게임 사이트를 전문화한 'Pmang'은 빨간폭탄 이라는 뜻으로 '재미가 터진다, 터지는 게임'을 슬로건으로 하는 게임 전문 포털 사이트이다. 피망(Pmang) 사이트가 오픈한지 한 달여 만에 한게임과 넷마블의 게임포털 부분의 양강 구도를 깨고 당당히 삼강 구도를 구축했으며, 피망이 오픈한 후 온라인게임의 영역을 넓

75) 엔씨 소프트 홈페이지(http://www.ncsoft.net).

〈그림 Ⅳ-21〉 '피망맞고' 게임화면

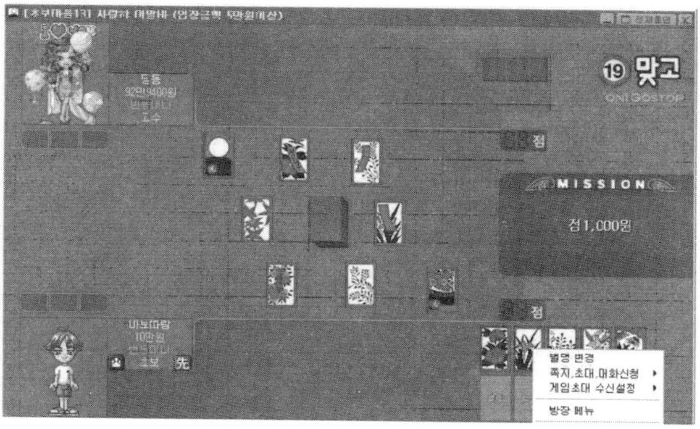

자료: 피망 웹사이트(http://pmang.sayclub.com/)

혔다는 평을 듣고 있다.

다른 게임 포털 사이트와 차별적으로 피망은 익숙한 목소리를 녹음하여 게임에 삽입하였다. 예를 들어 TV외화 시리즈인 X파일의 멀더역의 성우를 맡은 이규화 씨와 영화배우 샤론스톤 목소리를 맡았던 성우 강희선 씨의 목소리를 이용해 차별화한 게임음향을 들려주었으며, '앗싸!', '나 지금 흔들고 있니' 등의 인기 MC 김제동 특유의 개성 있는 음을 제공하여 유저들로 하여금 큰 인기를 얻음으로써 다른 게임 사이트와 차별화를 두었다.

다음 〈그림 Ⅳ-22〉는 2003년 8월 29일 피망이 등장한 이후 2개월간 게임포털의 시장 점유율 변화를 나타내는 그래프이다. 피망은 2003년 8월 29일 등장한 이후 지속적으로 점유율을 높여 가며 한게임과 넷마블을 위협했다.

그러나 현재 게임 포털 시장은 한게임, 넷마블, 피망이 시장을 나눠 갖고 서로 경쟁 양상을 보이고 있으며, 전면적인 사이트 개편 단행 후 한게임이 1위를 차지하고 있으며, 피망은 현재 2, 3위 정도로 초기의 순위를 고수하지 못하고 있다(〈그림 Ⅳ-23〉 참조). 이는 피망이 웹보드 게임에서 고스톱에 지나치게 의존해서 이용자 층을 다양화하지 못했다는 데서 순위 하락의 원인을 찾을 수 있다. 최근 피망은 '스페셜포스', '팀레볼루션' 등 규모 있

〈그림 Ⅳ-22〉 피망 등장 이후의 게임 포털 분야의 구도

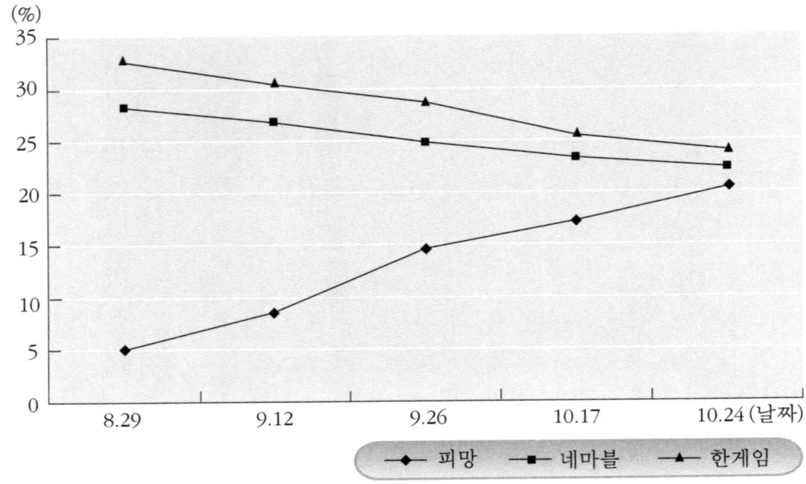


자료: 랭키닷컴 게임 포털 분석 자료(www.rankey.com)

〈그림 Ⅳ-23〉 2004년 게임포털 점유율

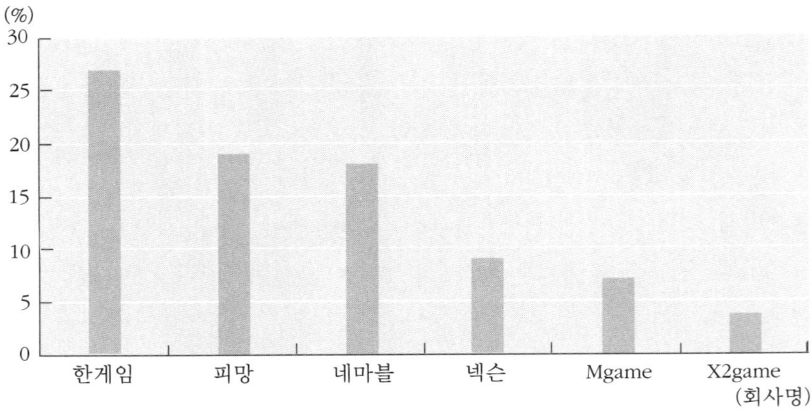


자료: 랭키닷컴 게임 포털 분석 자료(www.rankey.com)

는 몇몇 게임을 서비스하고 있지만, 캐주얼류에선 '아쿠아볼' 외에 이렇다 할 게임을 선보이지 못했다.

### 3) 넥슨의 '카트라이더'

넥슨의 '카트라이더' 는 2004년 8월 상용화된 3D 캐주얼 레이싱 게임으로 현재도 어린이들 사이에 꾸준한 인기를 누리고 있는 '크레이지 아케이드' 비엔비의 캐릭터를 3D로 재탄생시켜 어린 이미지를 배제시킴으로써 청소년을 비롯해, 대학생, 직장인들 사이에서도 폭넓게 이용되고 있다.

'카트라이더' 는 카트(자동차)를 운전하면서 각종 아이템을 사용하여 대결하는 아이템전과 드리프트를 이용하여 레이싱 트랙을 주파하는 스피드전으로 구분될 수 있다. '카트라이더' 는 동시접속자수 12만 명을 돌파했으며 현재 회원수 600만 명 월 매출 23억 원을 기록하고 있다.[76)]

기존의 대표적인 캐주얼 게임인 '포트리스2' 가 게임 내 공격 및 방어 아이템만을 도입했던 것과 달리 캐릭터를 꾸밀 수 있는 다양한 아이템을 개발해서 이용자 간의 개성을 추구할 수 있도록 한 점도 몰입성을 높이는 주요 요인이 된다.[77)] 결국 2004년 9월과 10월에는 학교 대항전을 진행하여 전국 95%에 달하는 초 · 중 · 고 및 대학이 참여하기도 했으며 2004년 12월 '스

〈그림 Ⅳ-24〉 '카트라이더' 게임화면

자료: 넥슨 웹사이트(http://kart.nexon.com/)

76) 넥슨 홈페이지 참조(http://www.nexon.com).

77) "카트라이더 '국민게임' 계보 이어받을까," 아이뉴스24, 2004년 12월 6일.

타크래프트'와 '리니지'를 제치고 PC방 점유율 1위를 차지하기도 했다.[78]

### 4) CCR의 'RF 온라인'

'포트리스'를 개발 서비스한 CCR은 캐주얼 게임 제작사의 이미지를 벗고 5년간 100명의 개발인원 및 80억 원을 투자하여 MMORPG인 'RF 온라인'을 개발했다. 2004년 8월 시범서비스를 시작으로 10월에 상용화되었다.

서비스 시작 이후 'RF 온라인'은 동시접속자수 5만 명, 회원수 100만 명을 최단기간에 달성하는 등 각종 온라인게임 주요 기록을 갱신했다. 또한 CCR은 국내 정식 서비스를 시작하면서 기존 온라인게임 가격의 절반 수준인 16,500원에 유료서비스를 시작해 불과 일주일 만에 32억 원의 매출을 올리는 결과를 낳기도 했다.[79]

'RF 온라인'은 중세유럽 판타지의 일반적인 온라인게임과 달리 SF적인

〈그림 Ⅳ-25〉 'RF 온라인' 게임화면

자료: RF 온라인 웹사이트(http://www.rfonline.co.kr/)

78) 게임트릭스 홈페이지(http://www.gametrics.com/).

79) CCR 홈페이지 참조.

배경에 액션이 강조된 것이 특징이다. SF이기 때문에 도끼나 검 외에 총이나 로켓, 비행기 등이 등장하며 우주공간을 배경으로 '종족전'이라는 거대하고 처절한 전투시스템 등은 'RF 온라인'의 새로운 요소이다. 반면 아이템 획득 및 레벨 업 등의 방식은 기존의 MMORPG 게이머들에게 매우 익숙하다.

무엇보다 'RF 온라인'의 자랑은 자체 개발한 게임엔진 'R3'다. 'R3'는 CCR 'RF 온라인' 개발팀이 한국 온라인게임의 자존심을 걸고 제작한 게임 엔진으로, RPG에 최적화되어 가동될 수 있도록 구현됐다. 이는 'RF 온라인'이 '언리얼(Unreal)', '퀘이크(Quake)' 등 해외 FPS 엔진을 개조해 제작된 다른 RPG와 태생부터 같지 않음을 입증하는 대표적인 특색이다.[80] 이 결과 비교적 낮은 사양의 컴퓨터에서도 사용자가 뛰어난 그래픽을 즐길 수 있다.

## 5) 결론

1990년대 중반 머드 게임으로부터 시작된 한국 온라인게임은 1990년대 중, 후반에 걸쳐 급속한 성장을 보이며 세계적 수준의 경쟁력을 확보하게 된다. 1998년 61억 원에 머물렀던 한국 온라인게임시장 규모는 1999년 200억 원으로 올라섰고, 2000년에는 1,900억 원대로 성장하였다. 이러한 성장세는 이후에도 계속되어 2003년 온라인게임시장의 규모는 5,000억 원에 이른다. 1990년대 후반 이후 해마다 50% 이상의 성장을 지속해 온 것이다. 이는 세계 온라인게임시장에서 한국 온라인게임의 영향력을 높이기에 충분했다. 2002년 세계 시장에서 국내 게임시장이 차지하는 비율은 6.7%로, 아시아 국가 중 한국이 가장 큰 시장을 형성하고 있었다(한국게임산업개원, 2003).

이러한 온라인게임산업의 성장 가운데에 머그 게임이 있다. 1996년 출시된 '바람의 나라'를 시작으로 1998년 '리니지', 그리고 1999년 '포트리스'

80) CCR 홈페이지에서 'RF 온라인' 게임 소개.

와 한게임으로 이어지는 머그 게임은 소비자들을 온라인게임시장으로 이끌며 게임산업의 성장을 이루어냈다.

국내 머그 게임의 시작은 1996년 4월 출시된 '바람의 나라' 에서부터이다. '바람의 나라' 는 머드 게임이 주류를 이루던 1990년대 중반, 최초로 머그 게임을 개발하였다. 당시로서는 생소한 RPG의 개념을 국내에 도입하여 국내 RPG의 뼈대를 잡았다.

이후 '리니지' 에서 머그 게임은 급속한 성장세에 오르게 된다. 한국 온라인게임의 새 장을 열었다고 평가되는 '리니지' 는 많은 사용자들이 온라인게임시장으로 유입되는 계기가 된다. 사용자뿐만 아니었다. 대규모 자금과 인력이 온라인게임시장으로 흘러들어왔다. '리니지' 는 온라인게임이 하나의 산업으로서의 그 성장 가능성을 인정받는 데에 결정적인 역할을 하였다.

'리니지' 의 성공으로 한국 온라인게임시장에는 '리니지' 와 같은 MMORPG가 잇따라 출시되었다. 당시 온라인게임시장은 MMORPG 일색이었다 해도 과언이 아닐 것이다. 이러한 상황에서 등장한 '한게임' 과 '포트리스 2' 는 게임시장의 다양한 장르의 변화를 가져왔다. 먼저 1999년 말 등장한 한게임은 고스톱, 포카와 같은 웹보드 게임을 서비스하며, 웹보드 게임이라는 새로운 장르를 만들어냈다. 이러한 웹보드 게임은 대부분 10대와 20대 남성으로 이루어진 온라인게임의 사용자층을 확대하는 결정적 계기가 되었다. 여성, 노년층 사용자를 온라인게임시장으로 끌어들인 것이다. 한게임은 누구나 즐길 수 있는 온라인게임의 대표적인 예가 되었다.

이러한 사용자층의 확대에는 '포트리스 2' 도 기여하는 바가 크다. 중독성 때문에 사회적인 문제를 낳기도 했던 '리니지' 와 달리, 귀여운 캐릭터로 밝은 분위기에서 게임을 즐길 수 있는 '포트리스 2' 는 연령, 성별과 관계없이 폭넓은 사용자들의 호응을 얻으며 '국민 게임' 으로 불리기도 하였다. 또한 '캐주얼 게임' 이라는 새로운 장르를 만들어, 그 이후 여러 캐주얼 게임이 온라인게임시장에 등장하게 된다.

출시 다음 해인 2000년, 한게임과 '포트리스 2' 는 많은 사용자들을 모으며 인기를 얻고 있었지만 이들 게임에게는 풀어야 할 과제가 있었다. 그것은 바로 수익모델에 대한 문제였다. 초기 서비스 당시 한게임과 '포트리스 2'는 무료로 제공되었다. 2000년부터 소위 닷컴 버블이 사라지면서 이들 게임업체들은 생존을 위한 전략을 세워야 했고 유료화 이외의 대안을 찾지 못했다. 한게임과 '포트리스 2'의 유료화는 2001년 초부터 실시된다. 비슷한 시기에 실시된 유료화이지만 두 게임의 유료화 방안은 서로 달랐다. 한게임은 아이템 판매 등과 같은 '부분 유료화'를 실시했고, '포트리스 2'는 'PC 방 과금'이라는 새로운 과금 방식을 도입했다. 한게임의 유료화가 부분 유료화로 사용자들의 반발이 비교적 적었던 것에 비해 '포트리스 2' 유료화에 대한 반발은 매우 심했다. 최종 사용자가 아닌 유통망, 즉 PC 방에만 과금을 하는 '포트리스 2'의 과금 방식은 PC 방 업체들의 거센 반발에 부딪혔고, 문화관광부의 주재로 협의를 이루긴 하였으나 PC 방 업체와의 반목은 그 이후에도 지속되었다. '포트리스 2'의 개발업체인 CCR은 2004년 중순 '포트리스 2'의 부분 유료화를 시작했고, 11월에는 PC 방의 IP당 이용료를 기존의 50% 수준으로 인하하였다.

'바람의 나라', '리니지', 한게임, '포트리스 2' 등 대표적인 머그 게임이 이끌어 온 한국 온라인게임은, 2001년 이후 '뮤(웹젠)', '라그나로크(그라비티)', '조이시티(JC엔터테인먼트)', 'A3(액토즈소프트)', '카르마온라인(드래곤플라이)' 등으로 이어졌다. 또한 2003년에는 최초의 3D MMORPG인 '리니지 2'가 서비스를 시작하였다. 웹보드 게임인 '피망'과 캐주얼 게임인 '카트라이더' 등도 현재 서비스되고 있다. 현재 한국 온라인게임시장의 규모는 약 7,000억 원에 이르는 것으로 추정되고 있다(한국게임산업개발원, 2003).

한국 온라인게임산업의 이와 같은 발전이 단순히 게임업체들의 노력만으로 이루어진 것은 아니다. 정부와 기업, 기타 시장조건이 조화를 이루어 시너지 효과를 냈기 때문에 가능했던 것이다. 그렇다면 어떠한 요인들의 결합이 온라인게임산업의 폭발적인 성장을 이루어낸 것인가.

먼저 PC 방의 역할을 생각해 볼 수 있다. 머그 게임이 태동하던 1990년대 후반은 PC 방이 급속도로 확산되던 시기였다. 1998년 초까지 100여 개에 불과하던 PC 방은 스타크래프트의 인기와 함께 기하급수적으로 증가하여 1999년에는 1만 3,000여 개에 이르게 된다(<그림 Ⅳ-1> 참조). 이러한 PC 방의 성장은 초고속통신망의 보급으로 더욱 촉진된다. PC 방을 통해 먼저 시작된 초고속통신망의 보급으로 인해 사용자들은 보다 편리한 환경에서 게임을 즐길 수 있게 되었고, 이는 게임 이용자의 확대, 나아가 게임시장의 확대를 가져왔다.

1996년 '바람의 나라'에서부터 시작된 머그 게임은 PC 방 인프라를 적극적으로 활용했다. '바람의 나라'와 '리니지'는 초기 단계부터 PC 방 상대로 IP당 월정액의 이용료를 받는 IP 과금제를 실시하였다. 이는 지금도 유지되고 있어 현재 대부분의 MMORPG가 이러한 과금 방식을 사용한다. 한게임 또한 PC 방을 전략적으로 사용한 대표적인 예이다. 한게임은 초기 설립 당시 PC 방을 대상으로 한 마케팅 전략으로 경쟁업체를 따돌리고 대중의 반응을 이끌어냈다. '포트리스' 또한 PC 방 과금으로 유료화를 실시하는 등 PC 방 인프라를 효율적으로 활용하려는 시도를 보여왔다.

다음으로 게임산업을 지원하는 정부 정책의 역할을 생각해 볼 수 있다. 정부정책이 온라인게임산업을 선도하는 역할을 수행했다고는 볼 수 없으나, 의도된 것이 아닐지라도 몇 가지 정책을 통해 온라인게임시장의 형성에 영향을 미친 것은 부인할 수 없다.

그 대표적인 예가 초고속통신망 정책과 병역특례제도이다. 1990년대 후반 정부가 초고속통신망 사업자를 복수 선정하며 통신 시장에 경쟁원리를 도입함에 따라, 초고속통신망이 급속하게 도입, 확산될 수 있었다. 즉 하나로 통신, 한국통신 등의 사업자가 저가로 초고속통신망을 보급하게 된 것이다. 이러한 초고속통신망의 구축은 PC 방의 증가를 가져왔고 일반 가정에서도 온라인게임을 즐길 수 있는 환경을 제공하였다. 온라인게임이 성장할 수 있는 인프라를 마련한 것이다.

다음은 병역특례제도이다. 2000년 문화관광부에서는 게임산업 진흥을 위한 법적, 제도적 기반을 마련하기 위해서 게임산업 분야 병역지정업체 추천제도를 실시했다. 이 제도는 게임 개발 업체에 고급 인력을 보급하여 국내에서 질 높은 게임이 개발되는데 결정적인 뒷받침이 되었다. 한국 온라인게임산업의 폭발적 성장을 가져온 '리니지'를 개발한 엔씨 소프트의 김택진 사장도 병역특례요원 출신이다. 한게임(현 NHN)의 김범수 사장, 네오위즈의 박진환 사장, CCR의 윤석호 사장 등도 병역특례요원으로 근무한 바 있다. 현재에도 엔씨 소프트, NHN, 네오위즈, 넥슨 등에 약 300명의 병역특례요원이 근무하고 있다.

한국 온라인게임산업은 1990년대 후반부터 2000년 초반까지 유례없는 성장을 해왔다. 정부 정책 및 기업의 과감한 투자, 기타 시장 환경 등이 조화롭게 이루어지며 계속적인 발전을 이루어 온 것이다. 그래픽 게임이 처음 출시된 당시보다 장르도 다양해졌고 그래픽 기술도 세계적 수준의 경쟁력을 가지게 되었다.

제 V 장

# 결론-한국 게임산업의 과제

## 1 한국 온라인게임산업의 과제

이상에서 살펴본 것과 같이, 한국의 온라인게임산업은 단기간에 형성되어, 빠른 속도로 성장을 계속하고 있다. 그러나 향후 온라인게임시장의 발전을 저해할 가능성이 있는 문제의 조짐도 이미 나타나고 있다. 예를 들면 산업이 과점화된 상태여서 신규참여가 저해될 우려, 일부 소수 기업을 제외하고 참여기업 대부분의 수익성이 낮다는 점 등이 그러한 과제이다. 이하에서는 한국의 온라인게임산업의 앞으로의 과제를 지적해 보도록 하겠다.

### (1) 산업의 과점화

현재, 한국의 온라인게임산업은 과점상태라고 할 수 있다. 산업전체의 매출에서 상위 5개사가 차지하는 비율은 2002년에는 65.4%, 2003년 57.9%에 달하고 있다(〈그림 V-1〉 참조).

〈그림 Ⅴ-1〉 상위 5개사의 시장 점유율

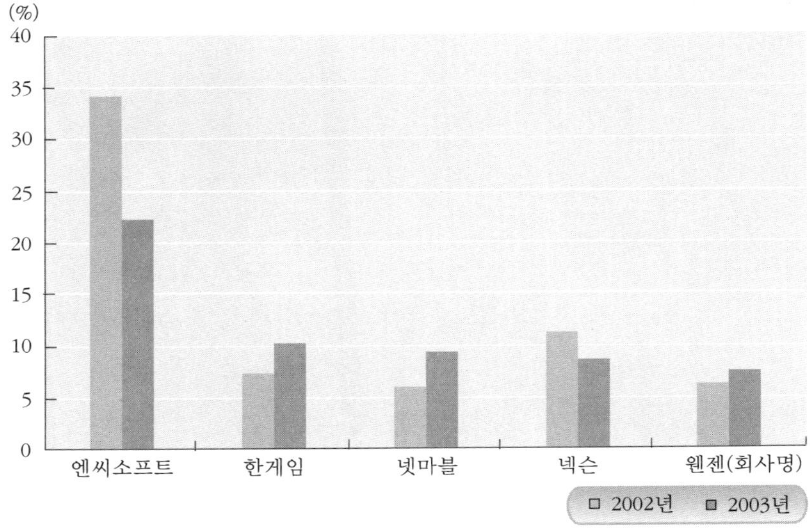


자료: 『대한민국 게임 백서』(2004)

이러한 온라인게임산업의 과점화 경향은 신규기업의 참여에 의한 산업 활성화 및 유저의 다양한 니즈에 대응하는 다양한 게임 · 콘텐츠의 제공이라는 측면에서 부정적인 영향을 끼칠 가능성이 있다.

한편, 최근 온라인게임은 3D기술 도입으로 인해 개발 비용이 한층 늘어났다. 예를 들면, 엔씨 소프트에 의해 개발된 3D의 '리니지2' 는 개발기간 2년 70여 명의 인력이 투자되고 100억 원 이상의 개발 비용이 들었다고 한다. 이러한 개발 비용의 증대도 후발기업의 신규참여를 곤란하게 해서 자금력이 풍부한 기존 기업의 지위를 한층 강화할 가능성이 있다.

### (2) 수익성의 문제

두 번째 과제는 수익성의 문제이다. 온라인게임은 서비스 시작 당시는 버그의 수정이나 유저의 획득 때문에 무료로 제공되는 경우가 많다. 물론, 무료 게임을 제공하고 있는 기업 가운데는 '한게임' 과 같이 특권 유저와 아바타 판매에 의해 수익을 확보하고 있는 곳도 있다. 그러나 무료 게임의 대부분은 유료화에 필요한 회원 획득에 실패하여 베타 테스트 판이 그대로 무료 게임이 되어버리는 사례도 많다. 이렇게 되면 개발기업은 개발비용의 회수가 곤란해져 다음 게임 개발이 어렵게 되는 악순환에 빠져버린다. 현재까지 무료 게임을 제공하고 있는 기업 역시 광고나 벤처 캐피탈 투자에 의해 개발자금을 확보하고 있지만 넷 버블(Net Bubble)이 사라져버린 지금, 앞으로는 그것도 쉽지 않을 것이다.

무료 게임의 증가로 인해 현재 높은 수익을 올리고 있는 선두 기업들의 수익률이 저하될 가능성도 있다. 온라인게임, 특히 MMORPG의 유저는 6개월에서 1년 정도의 간격으로 교체된다. 그렇기 때문에 온라인게임개발기업에 있어서는 어떻게 해서든 신규 유저를 획득하는 것이 매우 중요한 문제가 된다. 그러나 동일 장르에서의 무료 게임의 증가에 의해 기업 간 경쟁의 초점이 서비스 제공가격으로 전화될 가능성이 있다. 그 때문에 기존의 선두기업이라 할지라도 새로운 게임의 유료화에 한층 신중을 기하지 않으면 안 될 뿐만 아니라 기존 게임의 가격인하를 검토 하지 않을 수 없다. 일례로 현재 CCR의 'RF 온라인'은 게임 요금을 기존 게임의 절반 수준으로 낮춰 제공하고 있다.

### (3) 개발조직의 매니지먼트

세 번째 과제는 개발조직의 매니지먼트 문제이다. 한국 온라인게임 기업은 단기간에 높은 성장을 이룩했지만, 개발조직의 효율적인 매니지먼트 문제에 직면하고 있다. 이러한 개발조직의 매니지먼트에 관해서, 조이맥스(Joymax)사의 박기헌 씨는 다음과 같이 지적한다.

> 개발 프로젝트의 관리에서 여러 가지 트러블이 발생하고 있습니다. 좋은 프로젝트 매니저가 별로 없고 노우하우도 그다지 없습니다. 할 수 없이 프로젝트 매니저를 다른 팀장들이 보좌하는 형태로 게임개발을 추진하고 있지만, 이번에는 회의가 늘어나서 개발에 많은 차질이 생깁니다. 기획과 개발 엔지니어 간의

커뮤니케이션 문제도 있습니다. 예를 들면 기획자가 선상에서 사람들이 전투하는 장면을 상정했지만, 실제로 개발해 보면 그것이 잘 안 될 때가 있습니다. 그렇게 되면 개발을 중지하고 최초의 기획단계로 돌아가는 수밖에 없죠.[1)]

즉, 온라인게임의 개발에 있어서는 프로젝트 매니저의 부족, 프로젝트 매니지먼트 노하우의 부족, 개발 프로젝트 내 각 기능 간의 커뮤니케이션 단절 등의 문제가 발생하고 있다고 판단된다. 그 결과 온라인게임의 개발 프로세스에서는 개발 비용의 증가와 개발기간의 연장이 빈발하고 있다.

물론 온라인게임산업 혹은 한국의 게임산업 자체가 아직 산업발전의 초기단계이므로 어느 정도 시행착오는 불가피한 것인지도 모른다. 그러나 그러한 경우에도 가능하다면 시행착오 기간을 단축시켜 제품개발의 효율성을 높이는 것은 장차 예상되는 경쟁의 국제화에 대비하기 위해서도 중요한 일이다.

그러기 위해서는 프로젝트 매니지먼트의 지식이 축적되어 있는 타 소프트웨어 개발분야 혹은 타산업으로부터 그 지식을 흡수하는 노력이 중요할 것이다. 예를 들면, 마이크로소프트사의 소프트웨어 개발에 있어서의 씽크 앤드 스터빌라이즈 모델, 자동차에 있어서의 복수 프로젝트의 매니지먼트와 개발 노하우의 이전, 새로운 장르의 제품개발에 있어서의 개발조직의 설계 등은 한국의 온라인게임산업에서도 활용될 수 있을 것이다.

## 2 콘텐츠 비즈니스에 대한 온라인게임산업의 시사점

최근 인터넷 기술을 기초로 하는 콘텐츠 비즈니스의 성립 가능성을 둘러싸고 다양한 논의가 전개되고 있다. 그러한 논의 가운데에 콘텐츠 비즈니스

1) 박기헌(Joymax 이사) 씨와의 인터뷰. 이 인터뷰는 2002년 4월 18일, 오후 2~4시에 Joymax 본사에서 이루어졌다.

의 성공조건과 콘텐츠의 유료화·무료화의 문제가 있다. 콘텐츠를 유료로 해야 할지, 아니면 무료로 해야 할지, 유료로 제공할 경우 어떤 가치를 유저에게 제공해야 할지 등의 문제이다. 이러한 논의에 대해 한국의 온라인게임 산업은 다음과 같은 점을 시사하고 있다.

첫째, 콘텐츠 비즈니스는 콘텐츠가 실리는 플랫폼의 변화뿐만 아니라, 유저가 납득할 만한 부가가치를 보탤 경우에 성공 가능성이 높아진다는 점이다. 많은 온라인게임은 유료로 서비스를 제공하고 있다. 유저는 무료 게임이 다수 존재하고 있는데도 불구하고 경제적인 대가를 치르면서 유료 게임을 이용하고 있다. 아바타 아이템의 구입도 그러한 예이다. 유저는 현실 세계에서는 아무런 가치도 만들어내지 못하는 디지털 재산을 구입하고 있다.

온라인게임은 게임의 재미 외에도 유저 간의 커뮤니케이션이라고 하는 새로운 즐거움을, 아바타는 가상공간에서 새로운 자신을 창조하고 이를 통해 다른 유저와 교류하는 즐거움을 더해 주었다. 이러한 새로운 부가가치야말로 바로 유저가 콘텐츠에 경제적인 대가를 지불하는 이유이다.

두 번째, 콘텐츠 비즈니스가 성공하기 위해서는 보완적인 인프라스트럭처가 필요하다는 점이다. 한국 온라인게임산업의 경우, 앞서 살펴본 것처럼 휴대전화에 의한 소액결제 시스템, ADSL, PC 방이 이러한 보완적인 인프라스트럭처 기능을 했다. 예를 들면, 휴대전화에 의한 소액결제 시스템은 번거로운 결제수속을 대폭 완화하고 특히 개인 유저의 확대에 크게 기여했다. PC 방도 온라인게임산업형성의 초기단계에, 게임 개발업체에게 안정적인 수익을 보장하고 지속적인 게임개발을 가능하게 했다. 물론 인프라스트럭처는 전제조건이며, 인프라스트럭처 그 자체가 콘텐츠 비즈니스를 일으키는 것은 아니다. 단, 콘텐츠와 함께 콘텐츠에의 접근, 구입, 소비와 관련되는 보완적인 인프라스트럭처의 형성이 존재할 때에, 콘텐츠 비즈니스의 성공은 가능해질 것이다.

# 참고문헌


한국전산원,『국가정보화 백서』. 1995.

한국게임산업개발원,『대한민국 게임 백서』, 2001.

한국게임산업개발원,『대한민국 게임 백서』, 2002.

한국게임산업개발원,『대한민국 게임 백서』, 2003.

한국게임산업개발원,『대한민국 게임 백서』, 2004.

류경문,「온라인게임 몰입수준에 미치는 영향요인에 관현 연구」, 석사학위논문, 한양대학교 대학원, 2001.

류현주,『컴퓨터 게임과 내러티브』, 현암사, 2003.

이재현,『인터넷과 온라인게임』, 커뮤니케이션북스, 2001.

한국게임산업진흥원,『한국 게임산업 연감』, 2002.

『경영과 컴퓨터』, 1995년 2월호.

[부록] 온라인 게임 연표

| 연도 | 주요 게임 | 게임 장르 | 정부 정책 |  | 산업 | 기반 기술 |  |
|---|---|---|---|---|---|---|---|
|  |  |  | 정보통신부 | 문화관광부 |  |  |  |
| 1994 | 8월 단군의 땅(마리텔레콤)<br>10월 쥬라기 공원 (삼정데이터시스템) | RPG<br>RPG |  |  | · 대한민국 최초의 텍스트 머드 게임 발표<br>· 대한민국 상용화된 최초의 텍스트 머드 게임' 쥬라기 공원' 발표 | MUG (텍스트) |  |
| 1996 | 4월 바람의 나라(넥슨) | RPG |  | 음반 및 비디오물에 관한 법률 개정안 통과 및 게임 산업과 관련된 정책수립 시작 | 인터넷 그래픽 게임 '바람의 나라' 발표 | MUD (그래픽) | 2D |
| 1997 | 08월 포트리스1(CCR) | Casual |  |  | PC 방 보급 확대 |  |  |
| 1998 | 09월 리니지(NC소프트) | RPG |  | · 본격적인 게임산업진흥 정책 추진<br>· 게임산업주무부처 이전 (보건복지부 → 문화관광부) | 07. ADSL 서비스 시작 (두루넷) |  |  |
| 1999 | 10월 포트리스2(CCR)<br>12월 한게임(NHN) | Casual<br>Board |  | "게임종합지원센터 설립 (현, 한국게임산업개발원)" 멀티게임장(PC 방) 육성 지원 계획 수립 | 03. 게임 방송 시작(투니버스)<br>04. 하나로 통신 ADSL 서비스 시작<br>06. 한국통신 ADSL 서비스 시작 |  |  |

[부록] 계속

| 연도 | 주요 게임 | 게임 장르 | 정부 정책 | | 산업 | 기반 기술 |
|---|---|---|---|---|---|---|
| | | | 정보통신부 | 문화관광부 | | |
| 2000 | | | | · 게임전문 투자조합 결성 (150억규모)<br>· 게임산업분야 병역지정업체 추천제도 시작 | 휴대폰결제 서비스 시작<br>7월 온게임넷 개국(투니버스에서 분사)<br>11월 아바타 유료 서비스 시작 (세이클럽) | 2D |
| 2001 | 5월 뮤(웹젠)<br>11월 라그나로크(그라비티)<br>9월 조이시티(JC 엔터테인먼트) | RPG<br>RPG<br>RPG | | · 지방문화 산업 성장거점 확보를 위한<br>· 지역별 게임관련 특화 단지 조성<br>· 우수게임사전제작지원 사업 실시 (한국게임산업개발원) | 무료 온라인 게임사 유료화 시작<br>(1월 포트리스2, 03. 한게임) | 2.5D |
| 2002 | 12.월 카르마온라인 (드래곤플라이/넷마블) | FPS | · 온라인게임산업 육성을 위한 140억 원 지원 계획<br>· 온라인 3D 엔진 개발(ETRI) | | 3월 온라인게임산업협의회 발족<br>4월 온라인게임산업협의회 등급자율심의에 대한 공동선언문 발표 | |
| 2003 | 8월 피망(네오위즈)<br>10월 리니지2(NC 소프트) | Casual<br>PG | SW기술경쟁력강화를 위한 테스트기반 조성사업 | 게임산업 강국을 위한 5년간 총 1,500억 원 지원 계획 발표 | | 3D |
| 2004 | 6월 카트라이더 | Racing | | | 5월 게임 산업 협회 창립 발족 | |

# 찾아보기

Abstract

# Development of Korean Online Game Industry

Sangkyu Rho · Jon H. Wi

Information Technology (IT) related industries underwent economic crisis during 1997. Moreover, due to the dotcom bubble burst, the growth rate of the IT industry has slowed down since 2000. Despite this trend, one sector of IT related industries in Korea, the online game industry, is growing rapidly based on its solid business models. Online games are real-time games in which two or more players meet, compete, and cooperate in the same game space using the same communication network. Although the online game industry has recently shown significant growth in Korea, we must ask how it can continue to grow in the future. In spite of the IT industry's downward market trend, the online game industry was able to grow through the diffusion of the superhighway communication network and through online game companies' efforts to provide attractive contents. Korean online game industry has also attained worldwide market penetration. In this book, through examining the development process of the Korean online game industry from its beginning, we show how the online gaming industry has grown. We also identify several significant games throughout the history of the development process and then analyze their impact on Korean online game industry. Finally, we evaluate the government policies on the online game industry and present challenges facing the Korean online game industry.

## :: 발간사

서울대학교 경영연구소의 '한국기업경영사 연구사업'은 한국기업경영에 대한 역사적 연구를 통하여 우리나라 기업경영의 역사와 변천과정, 그리고 이의 성과를 평가하고 미래발전에 대한 시사점을 제시하는 것을 기본 목적으로 시행되었으며, 그 연구의 결과로 본 총서 시리즈를 발간하게 되었습니다.

한국기업의 성장 발전은 과거 30~40년 사이에 매우 빠르게 이루어져 한국경제 성장을 견인하여 왔으나, 한국기업의 발전과정에 대한 체계적인 연구는 이루어지지 않은 것이 오늘의 현실입니다. 역사를 모르고선 우리나라 기업경영의 미래와 발전을 바랄 수 없습니다. 본 총서는 우리 기업의 발전과정에 대한 체계적인 연구를 통하여 선진외국으로부터 1950년대 후반부터 도입된 경영학과 경영기법들이 한국적 토양에 어떻게 정착되었는지를 고찰하고, 향후 지속적인 발전을 위한 학문적 연구방법 및 한국기업경영의 방향을 모색하였습니다.

본 연구를 토대로 서울대학교 경영연구소는 명실상부 한국기업경영사연구의 중추적 역할을 수행하며, 대학과 연구소의 국제적 경쟁력과 위상을 높일 수 있을 것으로 사료됩니다.

본 연구는 2004년 3월부터 42명의 서울대학교 경영대학 교수와 외부기관의 박사급 이상의 연구원이 공동으로 연구를 하였고, 주제는 산업별 역사, 기업경영사, 기업정책의 변천사 등을 총망라하였습니다.

본 연구총서가 학문적으로 국내외에서 유용한 연구자료로 활용됨은 물론이고, 우리 기업의 성장과정을 직접 체험한 기성세대에게 있어서 기업의 성장 발전과정에 관한 지식을 체계적으로 전달하고, 차세대 젊은이들에게도 유용한 정보를 제공하여 미래 한국기업경영의 방향을 모색하는 데 유익한 자료가 되길 바랍니다.

끝으로 밤을 밝히며 연구에 매진하여 훌륭한 연구실적을 내기까지 노력과 수고를 아끼지 않은 저자 여러분과, 본 연구를 위하여 기꺼이 연구비를 출연하여 주신 SK그룹, 현대자동차그룹, 삼양사에도 심심한 감사를 드립니다.

2005년 7월

서울대학교 경영대학 학장

서울대학교 경영연구소 소장

## :: 저자 약력

### 노상규

· 서울대학교 경영학 학사
· 미국 University of Minnesota 경영학 석사, 경영학 박사
· (주)삼성물산 근무
· 서울대학교 중앙전산원 정보관리부장 역임
· 미국 Arizona State University 방문교수
· 현, 서울대학교 경영전문대학원 부교수
서울대학교 경영대학 디지털경영자과정 주임교수
서울대학교 경영전문대학원 JEMBA 부주임교수
· 저서: 『온톨로지』(공저, 가즈토이, 2007) 등

### 위정현

· 서울대학교 경영학 학사
· 일본 동경대학교 경제연구과 석사, 박사
· 일본 동경대학교 경제학부 연구교수(Research Associate)
· 현, 중앙대학교 경영학과 조교수
동경대학교 정보학대학원 객원교수
중앙대학교 게임콘텐츠 연구센터 소장
(사)콘텐츠경영연구소 소장
한국게임학회 부회장
한국소프트웨어 진흥원 디지털콘텐츠 자문위원회 위원장
일본온라인게임 협의회 (일본명: 온라인게임부회) 부회장
한국전략경영학회 이사
저서: 『온라인게임 비즈니스전략』, 『한국 온라인게임 비즈니스 연구(일본어)』 등

서울대학교 경영연구소
기업경영사 연구총서 14
한국 온라인게임산업의 발전과정과 향후 과제

저자 노상규 · 위정현

2007년 2월 26일 초판 제1쇄 인쇄
2007년 2월 28일 초판 제1쇄 발행

발행인 이장무
발행처 서울대학교출판부
151-742 서울 관악구 신림동 산 56-1
**판매과** 02-889-4424, 02-880-7995
**Fax** 02-888-4148
**E-mail** snubook@snu.ac.kr
**Home-page** http://www.snupress.com

**출판등록** 제15-3호

ISBN 978-521-0801-2 93320



값 8,000 원

**서울대학교 경영연구소 기업경영사 연구총서**

01 한국기업 배당정책의 변화 | 최도성 · 김성민

02 한국기업의 서비스 품질 평가제도 변천과정 | 이유재 · 라선아

03 한국 브랜드의 진화 및 발전 | 김재일

04 한국 백화점 역사 | 김병도 · 주영혁

05 한국 인터넷 기업의 변천사: 네트워크 경제의 실험과 형성 | 안중호 · 양희동 · 오상조 · 김은진

06 우리나라의 기업공시제도: 공정한 거래와 투명한 정보제공 | 윤계섭 · 허희영

07 한국 PC산업의 발전과정 | 김상훈 · 오정석

08 한국기업 해외직접투자 전략의 변천 | 이동기 · 박남규 · 조영곤 · 김동희

09 한국기업의 ERP 도입과 운영의 변천사 | 안상형 · 이창희 · 최강화

10 한국 팀제의 역사, 현황과 발전방향 | 박원우

11 기업세무전략에 대한 실증 | 정운오 · 박종일 · 박찬웅

12 한국기업의 특허전략 변화 | 송재용 · 신현한

13 한국기업 성과급제도의 변천 | 김성수 · 박찬희 · 김태호

14 한국 온라인게임산업의 발전과정과 향후 과제 | 노상규 · 위정현

15 한국 이동통신 서비스 및 단말기 산업의 변천과 발전방향 | 박철순 · 김성훈